敬語BOOK

スイスイ読めて、スラスラ話せる

大学講師
敬語・就職アドバイザー
唐沢 明

世界文化社

◆◆まえがき　敬語は、社会人デビューへのパスポート◆◆

敬語ができると
３つのトク（得・特・徳）をする！

「就職活動の面接でいつも落ちてしまいます。どうしてでしょうか?」という大学４年生の彩佳さん。

「職場の上司から、電話の話し方を注意されたんですが」という社会人２年目の翔君。

「新人や若手社員への営業のアドバイスがよく分からなくて」という人事部の櫻井課長。

　こんな若い人や先輩社員からの質問をよく受けます。

　これらの原因はすべて＜敬語コミュニケーション＞にあります。
「敬語は難しくて、なんだかよく分からないし……」

　若い人だけでなく、多くの社会人にとって敬語はこのような抵抗感があります。

　しかし、最初から敬語を完璧に正しく使いこなせる人はいません。年輩の人でも苦手意識があります。

　みなさんのご両親、それから学校の先生だって最初は、誰でもみな初心者の若葉マークです。

　私も最初は＜敬語アレルギー＞でした。敬語の使い方が間違って、何度も恥をかき、冷や汗をかいたことを鮮明に記憶しています。

　口ベタであがり症でネクラだった私が、学生時代、就職の面接試験を突破し、26社の内定を獲得し、大手企業の営業を経て、現在教鞭を執ることができているのは、やはり＜敬語コミュニケーション＞を習得できたからではないか、と思っています。

【敬語ができる＝言葉遣いのきれいな人＝仕事のできる人、企業で使える人＝トク（得・特・徳）をする】
【敬語ができない＝言葉遣いを知らない人＝仕事のできない人、企業で使えない人＝ソン（損）をする】

と思われてしまいます。

　敬語ができると３つのトクをします。

得……①コミュニケーション力が＜体得・会得＞できる
特……②社員の中で一目置かれて＜特別＞の存在になれる
徳……③人間性が豊かで器が広く＜人徳＞のある人に評価される

　敬語に慣れ、できるようになると、それだけでトクをします。仕事や人間関係で年上の人や顧客から大きな信頼を得るだけでなく、ますます社会人として飛躍することができます。
「敬語は、社会人への第一歩、大人への仲間入りのパスポート」なのです。

　みなさんにぜひそのパスポートを手に入れて欲しい！　と思い、今回最新敬語を整理し、まとめました。

　敬語も、英単語・英熟語を覚えるように、気軽に通勤通学中に単語帳感覚で日々マスターしてください。

　左ページに、間違いやすい言葉 BAD を掲げました。右ページには、正しい敬語文例 GOOD を載せ、左の文例のどこが間違っているのか？　ポイントを解説しています。

　さあ、敬語をマスターし、社会人パスポートを手に入れましょう。

CONTENS

スイスイ読めて、スラスラ話せる
知っトク！　敬語 BOOK

まえがき ……………………………………………………………………… 2

Chapter 1 ## 基本の挨拶 ……………………………… 7
初対面の挨拶／久しぶりに会う人に／よく会う人に／
食事の際に／訪問客・来客に対して／訪問先で／
季節の節目／別れ際

Column 1　★そもそも「お」「ご」と「和語」「漢語」って？ ……… 26

Chapter 2 ## 接客・応対の敬語 ………………………… 27
飲食店にて／百貨店や洋服売り場にて／
お客様から何か尋ねられたとき／お会計・最後の挨拶／
来客へのお迎えの挨拶／案内する／お通しする／
上司に取り次ぐ他／締めの挨拶／お見送り

Column 2　★若者ことばはイエローカード！ ……………… 54
　　　　　1日1語1ヶ月でゴールドカードを目指そう！

Chapter 3 ## 若者ことば・カタカナことば ……… 55
若者ことば・省略ことば／就職（転職）活動の面接試験／
カタカナを正しい日本語に／マイナスからプラスことばに

Column 3　★過剰敬語に注意しよう ………………………… 86

Chapter 4 ## 営業・交渉の敬語 ……………………… 87
はじめの挨拶／応接室にて／最後の挨拶

Column 4　★相手に対して謙譲語を使ってしまう誤用例 ………110

Chapter 5 電話・ケータイの敬語 ～～～～～～～ 111
電話をかける／電話を受ける／携帯電話をかける／
携帯電話を受ける

Column 5 ★社会人として覚えておきたい丁寧な言い回し ～～～ 138

Chapter 6 メール・手紙の敬語 ～～～～～ 139
メールの対応／手紙の対応

Column 6 ★社会人として覚えておきたい丁寧な言い回し ～～～ 160

Chapter 7 叱る・謝るときの敬語 ～～～～～～ 161
叱る／励ます／社内で謝る／社外で謝る／
お客様に謝る／詫び状

Column 7 ★ビジネスコミュニケーションと敬語の基本について ～～ 174

Chapter 8 頼む・断るときの敬語 ～～～～～～ 175
仕事を頼む・任せる／仕事を頼む・お願いする／断る

敬語の種類 ～～～～～～～～～～～～～～～ 184
あとがき ～～～～～～～～～～～～～～～～ 190

参考文献

『敬語マスター BOOK　仕事に使う順 毎日 1 分間 』
　　（唐沢明著／ TO ブックス）

『すぐに話せる　敬語の手帳』
　　（唐沢明著／グラフ社）

『敬語すらすら BOOK』
　　（唐沢明著／成甲書房）

『敬語「そのまま使える」ハンドブック　できる人の「この言葉づかい」「この話し方」』
　　（鹿島しのぶ著／三笠書房）

『敬語すらすら便利帳　きちんと話せる！とっさに使える！ 』
　　（今井登茂子著／日本能率協会マネジメントセンター）

Chapter 1

基本の挨拶

基本の挨拶をマスターすれば
コミュニケーションがスムーズに！

□初対面の挨拶
□久しぶりに会う人に
□よく会う人に
□食事の際に
□訪問客・来客に対して
□訪問先で
□季節の節目
□別れ際

1 初対面の挨拶

BAD!

基本の挨拶

例題1 はじめて訪れる営業先①

どうも、水戸です。

例題2 はじめて訪れる営業先②

僕は水戸と言います。
どうぞ、よろしく。

例題3 はじめて訪れる営業先③

はじめて会いますよね。

例題4 知人の紹介ではじめて会った噂の人

ずっと会いたかったんですよ！

GOOD!

はじめまして。私、汐留商事営業部の水戸太一と申します。

はじめての挨拶は、フルネームでしっかりと名乗ろう
名刺を渡すときに、しっかりと自己紹介できれば丁寧な印象を与える。会社名、部署名も忘れずに。

私、水戸太一と申します。よろしくお願いします。

自己紹介のときは「言います」を「申します」と言い換えよう
「僕」「わたし」などは日常的に使う言葉。また、「よろしく」は「よろしくお願いします」と言うことで敬意が生まれる。

はじめてお目にかかります。汐留商事営業部の水戸太一と申します。

「お目にかかる」は「会う」の謙譲語
「はじめまして」よりも丁寧な印象を与えるので覚えておこう。初対面での挨拶は、今後の印象を決定づけるパワーがある。

宮根様にお目にかかれることを楽しみにしていました。

謙譲語である「お目にかかる」を使って、スマートに
「会いたい」だけでは敬意は伝わらない。他にも、「お目にかかれて光栄です」などのワンフレーズを押さえて。

2 久しぶりに会う人に

BAD!

基本の挨拶

例題5 以前働いていた会社の先輩①

めっちゃ久しぶりですね。

例題6 以前働いていた会社の先輩②

元気でした？
私も元気でしたよ。

例題7 以前働いていた会社の先輩③

元気でよかったです。

例題8 久しぶりに訪れた営業先で

去年、経理部に移っちゃって……。

10　**Chapter 1** 基本の挨拶

GOOD!

大変ご無沙汰しております。

知っトク! 知り合いだったとしても、きちんとした言葉で接しよう
続けて、「この間は大変お世話になりました」など前回会ったときの感想を伝えるのもスマート。

お変わりございませんか?
私はおかげさまで
元気にやっております。

知っトク! 目上の人に敬意を表せる表現はオトナデビューの第一歩
「お変わりございませんか」の代わりに「お元気でいらっしゃいましたか」も使える表現。

お元気そうで何よりです。

知っトク! 気遣うフレーズを一言伝えるだけで、印象がUP
「お元気そうで何よりです」などの他に、「ご活躍、伺っております」も相手を立てる表現なので覚えておこう。

昨年より経理部へ
人事異動になりました。

知っトク! 正しいビジネス用語を使用しよう
「移っちゃって」「飛ばされて」という若者ことばを「人事異動」に直して使おう。

3 よく会う人に

BAD!

基本の挨拶

例題9 派遣された現場で

今日もよろしくです。

例題10 取材に訪れた得意先で

時間作ってもらって、すみません。

例題11 昨日プレゼンテーションを行った先輩に対して

昨日（きのう）どうでした？

例題12 会社の先輩と待ち合わせして出かけるとき

おはよう。めっちゃ晴れましたね。

12 **Chapter 1** 基本の挨拶

GOOD!

本日もどうぞよろしくお願いします。

ビジネスシーンでは、「今日」は「本日」と言い換える
また、「明日」は「みょうにち」と言うようにする。「よろしく」に敬意は含まれないので、言葉を省かないように心がけよう。

ご多忙の中、貴重なお時間を賜り、ありがとうございます。

「お客様ファースト」の下から目線で話そう
「ご多忙の中」など、相手をねぎらうフレーズを一言添えると好印象に。「お足元の悪い中」は雨の日に使う。

昨日はいかがでしたか?

「どう?」は親しい間柄で使用する言葉
丁寧語の「いかが」と言い換えて、相手への敬意を表す。ビジネスシーンでは、「昨日」を「さくじつ」と言うことを忘れずに。

おはようございます。
今朝は大変良いお天気ですね。

「良いお天気ですね」は、晴れているときに使える常套句
雨のときは、「あいにくのお天気ですね」のフレーズを。会話の間を持たせるためには、差し支えのない「天気の話題」を。

4 食事の際に

基本の挨拶

BAD!

■ 例題13　人より先にご飯を食べるとき

食べちゃっていいですか?

■ 例題14　取引先や上司に食事をごちそうになったとき①

激ウマでした。

■ 例題15　取引先や上司に食事をごちそうになったとき②

ゴチになりました。

■ 例題16　食事で相席するとき

ここ、いいっすか?

14　**Chapter 1** 基本の挨拶

GOOD!

それではお先にいただきます。

行動→言葉ではなく、まず先に言葉がけを
先に食べることに対しての配慮、遠慮の気持ちを伝えることができる。

大変美味しかったです。

大人として美しい日本語を使おう
「激」→「大変」、「ウマでした」→「美味しかったです」に言い換える。

本日はごちそうになり、ありがとうございました。

「ごちそうになり」の一言でより丁寧に
「ありがとうございました。」だけでなく、この一言を足すとより丁寧になる。物をいただいたりしたときも使うことができる。

こちらにご一緒してもよろしいでしょうか?

より丁寧な言い方をする
先に座っていた人と気持ちよく食事の時間を楽しむためには、より丁寧な言い方を心がけよう。

5 訪問客 来客に対して①

BAD!

基本の挨拶

例題17 お客様が店内に入ってきたら

いらっしゃい。

例題18 雨の日のお客様（訪問客）に対して

雨の中、ありがとうございます。

例題19 傘を置く場所を伝えるときに

傘立てありますので。

例題20 わざわざ来てくれた訪問客に対して

わざわざ来ていただいて
申し訳ないです。

Chapter 1 基本の挨拶

GOOD!

いらっしゃいませ。

丁寧な言い方で、笑顔でお客様を迎え入れよう
よほどの常連客や、友人、知人であれば問題はないが、通常は失礼になってしまう。語尾をきちんと伝えよう。

本日はお足元の悪い中、お越しいただきありがとうございます。

「お足元の悪い中」をマスターしておこう
これを覚えておくだけで、スマートな印象に。雨だけでなく、雪や台風など悪天候のときに使うフレーズ。

お客様、そちらに傘立てがございます。

接客ではフレンドリーすぎる会話は厳禁
どんなお客様に対しても、真摯な対応と大人のコミュニケーションを心がけよう。

ご足労をおかけし、恐縮です。

「わざわざお運びいただき、ありがとうございました」など
本来であればこちらから訪問すべきであるにもかかわらず、相手に来訪していただいたとき、感謝の気持ちを伝える。

6 訪問客 来客に対して②

BAD

基本の挨拶

例題 21 訪問客に何度も訪ねてもらっているとき

何度も来てもらってすみません。

例題 22 来客に待ってもらうとき

すみません。少し待ってください。

例題 23 お客様が帰るとき①

今日はどうも。またよろしくです。

例題 24 お客様が帰るとき②

気をつけて。

18　**Chapter 1** 基本の挨拶

GOOD!

度々おいでいただきまして、誠に申し訳ございません。

「来てもらう」の尊敬語を使う
「来てもらってすみません」は敬意のない同情語になってしまう。「おいでいただく」「ご足労いただく」が BEST WORD。

申し訳ございませんが、少々お待ちいただけますでしょうか。

「待ってください」は丁寧だが、命令形なので来客に失礼
「～いただけますでしょうか。」という言い方は、依頼の形。命令形よりも柔らかい印象になり、失礼にもならない。

本日はありがとうございました。ぜひまたお越しください。

せっかく来ていただいたお客様に失礼にならない別れ際を
お客様が帰るときも元気よく笑顔で。また来ていただけるような挨拶を心がけることがリピーター UP につながる。

どうぞ、お気をつけてお帰りください。

相手を想った言い方を心がける
別れ際の挨拶は相手との関係を左右するもの。お客様に寄り添った言い方を心がけよう。他にも、「どうぞお元気で」など。

7 訪問先で

BAD!

基本の挨拶

例題 25 取引先の応接室への入室・退室

どうも。

例題 26 訪問先の家に上がるとき

すみません。

例題 27 取引先を急に訪問するとき

いきなり来ちゃって、すみません。

例題 28 取引先が留守だったときメモを受付に渡す

（自分の名刺の裏に）また寄らせてもらいます。
赤坂でまた飲みニケーションを！
6/18 pm5:30　エトウより

GOOD!

失礼いたします。
本日はありがとうございます。

お辞儀も合わせて行う
入室時も退室時も「失礼いたします」「失礼します」を使う。
万能な言葉で便利であるが、多用・乱用は避けよう。

お邪魔します。

日本語特有の挨拶。「ごめんください。失礼いたします」も可
ちなみに英語では「Thank you for inviting me.」(私を招待
してくれてありがとう) と感謝を伝える。

お忙しいところ、
申し訳ございません。

「慌てず、急がず、浮かれず、笑顔で、落ち着いて」のあいうえおマナー
アポイントもないときの英語は「I am sorry to disturb you.」
(あなたの邪魔をしてしまってすみません)。

(一筆箋に縦書きで) 安住様　本日新しい資料を
お持ちしました。また後日ご連絡させてい
ただきます。　江藤　6月18日17:30

一筆箋をうまく使い、アナログで営業の痕跡を残す
留守時は「名刺＋一筆箋＋資料」3点セットを受付に渡す。
プライベートなメモはご法度。受付も顧客であることに留意。

8 季節の節目 お便り

BAD!

基本の挨拶

例題29 年末に

今年もありがとうございました。
良いお年を。

例題30 年始に

おめでとうございます。
今年もよろしくです。

例題31 お盆前に

暑くなりましたね。

例題32 お正月明けに

寒くなりましたね。

22 **Chapter 1** 基本の挨拶

GOOD!

本年も大変お世話になりました。
良いお年をお迎えください。

「ありがとうございました。」だけだとやや足りない
1年間お世話になったことに対しての感謝の気持ちを述べよう。「良いお年を」には「お迎えください。」をつけると◎。

明けましておめでとうございます。
本年もよろしくお願いいたします。

日本人として正しい日本語を使う
「今年」は「本年」と言い換え、より丁寧な表現にしよう。年賀状も一字一字心を込めて書く。

暑中お見舞い申し上げます。

もともと「見舞い」は目上の人が目下の人に言う言葉
本来は「暑中お伺い申し上げます」が正しい敬語。梅雨明けの7月7日～8月6日、残暑見舞いは8月7日～9月6日まで。

寒中お見舞い申し上げます。

主に、喪中の方への挨拶や、故人宛の年賀状に対する返礼
寒中とは二十四節気の小寒から大寒に当たる期間で、1月5日から2月4日ごろまで。

9 別れ際

BAD!

基本の挨拶

例題33 職場で先輩より先に帰るとき

先に帰ります。

例題34 職場で先輩が先に帰るとき

ご苦労様でした。

例題35 取引先の方に対して

また会えるといいですね。

例題36 取引先からおいとまするとき

これからもよろしく。

GOOD!

それではお先に失礼いたします。

残っている方への敬意の気持ちを忘れない
先に帰るときは、まだそこに残っている方への敬意が大切。「先に帰ります」は心がこもっていない、冷たい言い方に聞こえる。

お疲れ様でした。

「ご苦労様でした」は目上の人から目下の人に使う言葉
目上の人など、敬意を伝えるためには「お疲れ様でした」を使おう。

また枡様にお目にかかれることを心待ちにしています。

「会う」を「お目にかかれる」と言い換えることで◎
「心待ちにしています」の他にも「楽しみにしております」といった言い方も。相手の名前も添えると好感度倍増。

これをご縁に、今後ともどうぞよろしくお願いいたします。

「よろしく。」は「お願いいたします。」をつけないと失礼
「縁」という言葉を使うことで、奥ゆかしく品がある印象に。「これから」を「今後」に言い換える。

Column 1

そもそも「お」「ご」と「和語」「漢語」って？

敬語接頭辞の「お」と「ご」について紹介しておきます。
基本的に、和語には「お」をつけ、漢語には「ご」をつけます。

◆「お」……日本で生まれた言葉で和語につき、また漢字の訓読
　　　　　みにつきます。
　　　　　「山」「川」「海」など。
◆「ご」……中国から伝わってきて日本語になった言葉です。
　　　　　漢語につき、漢字の音読みにつきます。「山地」「河川」
　　　　　「海岸」など。
◆例外　　敬語接頭辞「お」と「ご」の基本のルールに沿わないものも
　　　　　あります。漢語で「お」がつくとき、和語で「ご」がつくとき、
　　　　　どちらもつくときもあります。

お				ご	
お話	お世話			ご住所	ご家庭
お手紙	お時間	病気	都合	ご理解	ご飯
お味噌汁	お年玉	勉強	通知	ご希望	ご主人
お見事	お弁当	会計	受験	ご親切	ご案内
お掃除	お知らせ	入学	葬儀	ご到着	ご出席
お電話	お許し	年賀	年始	ご用心	ご立派
お名前	お荷物	祝儀	祝辞	ご熱心	ご招待
お酒	お引っ越し	香典	位牌	ご丁寧	ご卒業
お店	お天気	返事	誕生	ご意見	ご研究
お便所	お食事	利息	……など	ご説明	……など
お行儀	お作法				
お勘定	お賽銭				
お餞別	……など				

Chapter 2

接客・応対
の敬語

飲食店、百貨店、洋服店などで
最高のおもてなしができるようになる！

□飲食店にて
□百貨店や洋服売り場にて
□お客様から何か尋ねられたとき
□お会計／最後の挨拶
□来客へのお迎えの挨拶
□案内する
□お通しする
□上司に取り次ぐ他
□締めの挨拶
□お見送り

1 接客 飲食店にて①

BAD!

接客・応対

例題1 お客様が店内に入ってきたとき

いらっしゃい。

例題2 お客様の人数を確かめるとき①

一人ですか?

例題3 お客様の人数を確かめるとき②

何名ですか?

例題4 お客様を席に案内するとき

席の方へご案内いたします。

28 **Chapter 2** 接客・応対の敬語

GOOD!

いらっしゃいませ。

「いらっしゃい」は、親しみのある言い方だが基本は使わず
「いらっしゃいませ」の方が丁寧にお客様を迎え入れることができる。はじめの挨拶なので、明るい笑顔を心がけよう。

お一人様でいらっしゃいますか？

「お〜様」のフレーズをマスターしよう
「お一人」よりも「様」を付けるとより丁寧な印象になる。明るく笑顔の声かけをしよう。

お連れ様はいらっしゃいますか？

確認するときも丁寧な日本語で
後から来るお客様も想定してのフレーズを覚えておこう。

お席までご案内いたします。

「言葉＋心＋行動」の3点セットで表現しよう
「〜の方へ」は聞き慣れた言い方ではあるが、マニュアル敬語として不適切な場合もある。

29

2 接客 飲食店にて②

接客・応対

例題5　お客様に対してのご案内

最初のお客さんから案内いたしますので
ここで待ってください。

例題6　禁煙席でタバコを吸っているお客様に対して

ここは禁煙席です。
おタバコは吸わないでください。

例題7　注文が決まったら呼んでほしいと伝えるとき

注文決まったら呼んでください。

例題8　注文は以上で良いか伺うとき

注文は以上で
よろしかったでしょうか？

Chapter 2 接客・応対の敬語

GOOD!

先にご来店されたお客様から ご案内いたしますので、こちらで 少々お待ちいただけますでしょうか?

言い方は柔らかく。お断りの言葉は質問系にしよう
お客様に対して少し言いづらい場面ではあるが、先に待っていたお客様もいるため、ここははっきりと伝える。

大変恐れ入りますが、こちらでの喫煙は ご遠慮いただけますでしょうか?

「禁煙にご協力ください」も Best 敬語
「×否定・命令→◎協力・賛同」の表現で不快感を与えない。

ご注文がお決まりになりましたら、 お呼びくださいませ。

「ご〜」「お〜」の敬意表現を使う
注文を決めるのはお客様なので、「ご注文」「お決まり」など、相手の行動に対しては丁寧な言い方に変えよう。

ご注文は以上で よろしいでしょうか?

「注文」→「ご注文」、「よろしいでしょうか」と自然な言い方に
直前の注文に対して「よろしかったでしょうか」の過去形は不自然。マニュアル敬語に注意。

3 接客 飲食店にて③

BAD!

接客・応対

例題9 お客様に希望を伺うとき

おコーヒー、おジュース
どっちがいいですか?

例題10 品物をテーブルに置くとき

こちら、ミートソーススパゲティ
になります。

例題11 テーブルに複数名いて品物を置くとき

和定食の方は?
味噌汁は後から来ますね。

例題12 お客様の背後を通るとき

後ろを通ります。

32　**Chapter 2** 接客・応対の敬語

GOOD!

コーヒー、ジュースのどちらになさいますか?

外来語には基本的に「お」をつけない
「する」の尊敬語の「なさる」を使おう。また、「どっち」→「どちら」、「そっち」→「そちら」、「こっち」→「こちら」。

大変お待たせいたしました。ミートソーススパゲティでございます。

「〜になります」は不自然・違和感ことばで正しくない敬語
どんな状況でも「お待たせいたしました」は必須。また「〜になります」ではなく「〜でございます」が正しい敬語。

和定食をご注文の方、お待たせいたしました。御御御付けはすぐお持ちします。

「御御御付け」は味噌汁を丁寧にした語
上司や親世代でも難しい敬語。「お味噌汁」でも十分。

後ろを失礼いたします。

不安な気持ちを察して、相手への気遣いを忘れない
人は、背後で何かをされると不安や不快の気持ちを持ってしまう。食事の最中にそのような思いをさせてしまわないように。

4 接客 百貨店や洋服売り場にて①

BAD

接客・応対

例題13 お客様から商品の有無を問われたとき

在庫見てみます。

例題14 商品の在庫がないとき

在庫がありません。

例題15 値段の高い品を売るとき

値段がちょっと高めですが……。

例題16 安い商品をすすめるとき

これは安いですよ。

34　**Chapter 2** 接客・応対の敬語

GOOD!

在庫を確認して参りますので少々お待ちください。

お客様のNEEDとWANTに対応する言葉選びを
お客様を待たせるときは必ず「お待ちください」と伝えよう。

あいにく切らしております。

「切らしている」と言い換えて、全否定を避ける表現に
「あいにく」は生憎と書き、「ああ、憎らしい」という意味から転じて「不都合が生じて残念なさま」を示す。

こちらの商品は、少々お値段が張りますが……／予算を上回りますが……。

「値段が張る」「予算を上回る」など遠回しな言い方を
「値段が高い」という直接的な言い方はお客様に不快なフレーズで、恥をかかせてしまう場合がある。

こちらの商品はお買い得です／お求めになりやすい価格です。

お客様の立場になったフレーズ選びをする
「安い」は「お買い得」「お求めになりやすい価格」などに言い換えよう。値段の高低をストレートに表現しないこと。

5 接客 百貨店や洋服売り場にて②

BAD!

接客・応対

例題17 お客様が商品で迷っているとき

どうですか？

例題18 2つのうち片方の洋服を勧めるとき

こっちのお洋服がお似合いですね〜。

例題19 好みの色を伺う

どんなカラーがタイプなんですか？

例題20 色違いがあることを伝えるとき

別のカラーもあります。
いろいろ見てください。

36 **Chapter 2** 接客・応対の敬語

GOOD!

いかがでございますか?

「どう」は「いかが」、語尾は「ございますか」に変える
お客様が困っているときは、積極的に声をかけよう。怖がらせないように、後ろからではなく横に立って声をかけてみよう。

こちらの洋服の方が、よくお似合いのように思いますが、いかがでしょうか?

「ですね」の、友達感覚のプライベート言葉は NG
単語に「お」を付けすぎるのも分かりづらくなるので、「お似合い」だけで十分。語尾は質問の形にして柔らかい印象に。

どのような色がお好みですか?

不自然・無意味なカタカナ言葉は避ける
「どんな」から「どのような」に変えて、「お好みですか」と尊敬表現で尋ねてみよう。

お色違いがございます。どうぞご覧ください。

「見る」ではなく尊敬語の「ご覧ください」を使う
「どうぞお手にとってご覧ください」でも良い。「どうぞ〜」は丁寧にお願いするときによく使う言葉なので覚えておこう。

6 接客 お客様から何か尋ねられたとき

接客・応対

BAD!

例題21 すぐに答えられないとき

分からないので聞いてきます。

例題22 会話の中で

さっきお客様がおっしゃられた件は

例題23 担当者を呼びに行くとき

ご担当者なら分かると思いますので
呼んで来ますね。

例題24 質問されて分からないとき

わたしには分かりません。

38 **Chapter 2** 接客・応対の敬語

GOOD!

すぐに確認して参ります。
少々お待ちくださいませ。

「分からない」場合は「確認します」と伝える
お客様に対して言い訳や未熟、経験が浅いなどは関係ない。

先ほどお客様がおっしゃった件は

二重敬語は文法的に間違い
「おっしゃられる」は「おっしゃる」と「られる」の二重敬語になってしまうので不適切。

ただいま担当の者を
お呼びいたします。

「お店や会社の代表」というプロ意識を言葉で伝える
自分の会社＝身内に敬語を使わない。「ただいま来ます」と言う場合は「来る」の謙譲語「参る」を使って「ただいま参ります」を。

あいにく、わたくしには分かりかねます。すぐにお調べいたします。

「分かりません」の全否定語は不快感を与える
「分かりかねる」「いたしかねる」などの婉曲表現でソフトな印象を。すぐ対応するように心がけよう。

7 接客 お会計／最後の挨拶

BAD!

接客・応対

例題 25 代金を預かったとき

1万円からいただきます。

例題 26 お釣りを渡すとき

お釣り5千円です。

例題 27 クーポンは使えるか問われたとき

もちろん使えますよ。

例題 28 最後にお見送りするとき

ぜひ、また来てください。

40　**Chapter 2** 接客・応対の敬語

GOOD!

1万円お預かりいたします。

起点を示す「〜から」の表現は不適切
代金が丁度の金額でないときは、「お預かり」を使う。丁度の金額のときは、「〜円丁度いただきます」で良い。

5千円のお返しでございます。

「お釣り」ではなく、「お返し」と対応するのがノーマル
最後の会計時も好印象な対応をし、リピーター率アップにつなげよう。

はい、ご利用になれます。

「ご利用になる」とは「利用する」の尊敬語
もちろん→当然→あたりまえ……。お客様と壁を作ってしまうフレーズはNG。

またのお越しをお待ちしております。ありがとうございました。

「来て」という表現は、来店を促す言い方
「来て」はお客様に圧力を与える。「お待ちする」とした方が優しい印象に。最後に感謝の気持ちも伝えると印象も良い。

8 応対 来客へのお迎えの挨拶（会社にて）

接客・応対

BAD!

例題 29　基本のお迎えの挨拶

これはこれはどうも（握手を求める）。

例題 30　天気の悪い日に来てもらったら

お天気の悪い中をご苦労様です。

例題 31　暑い日に来てもらったら

こんな暑い日にわざわざ
来ていただきまして……。

例題 32　相手の名前を忘れたとき

申し訳ないのですが、
名前をすっかり忘れてしまいまして、

42　**Chapter 2** 接客・応対の敬語

GOOD!

ようこそ、お越しくださいました。

握手を最初から求めない。するなら最後に。
「ようこそ〜」というフレーズで敬意を含んだ出迎えの表現になる。迎えるという行為は、会社の第一印象を決める。

お足元の悪い中をお越しいただきまして、申し訳ございません。

「ご苦労様です」は目下に使う言葉
「お足元の悪い中」は雨、雪など悪天候の日に加え、翌日晴れていても道の状態が悪いときにも使用可。

お暑い中を おいでいただきまして……。

「来てもらう」の尊敬語は「おいでいただく」
季節や天候に合わせてアレンジしてみよう。「寒い日」→「お寒い中」など。

申し訳ございませんが、お名前を失念いたしまして、

相手の名前を忘れたことを、直接的に伝えるのは失礼
ビジネスシーンでは「うっかり忘れていました＝失念しておりました」と使う。「失念」という言葉を失念しないように。

9 応対 案内する（会社にて）

BAD!

例題33　エレベーター

じゃあ、乗ってください。

例題34　応接室に案内

応接室はこっちになりますので、
どうぞ。

例題35　受付から離れた部屋に案内

ちょっと離れててすみません。

例題36　大勢の来客を案内

みなさん、こちらです。

接客・応対

44　**Chapter 2** 接客・応対の敬語

GOOD!

どうぞ、お乗りくださいませ。

「乗る」の尊敬語は「お乗りになる」
エレベーターは、扉が開いたら先に来客を乗せ、降りるときは先に自分が降りて扉が閉まらないように来客を降ろす。

応接室へご案内いたします。 どうぞこちらです。

「案内する」の謙譲語は「ご案内いたします」
「こっち」という表現は幼稚になってしまう。「こっち」は「こちら」に言い換えよう。

会議室が少し離れておりまして 申し訳ございません。

長く歩くことを最初に断ろう
理由を伝えることはスマート会話につながる。「すみません」ではなく「申し訳ございません」に言い換えよう。

会議室へご案内いたします。 3階のB会議室まで参ります。

修学旅行の添乗員ではないので注意
「ご案内」の「ご」は、「案内」という名詞についての敬意ではなく、語の丁寧さを増すための「美化語」として使われている。

10 応対 お通しする（会社にて）

BAD!

接客・応対

例題 37　中に入ってもらうとき

どうぞ、中に入ってください。

例題 38　座るべき上座を勧めるとき

このお席にお掛けになって
お待ちください。

例題 39　来客の荷物の置き場所を勧めるとき

こっちに置いてください。

例題 40　来客がコートを持っているとき

上着を掛けますので、
お貸しいただけますか?

46　**Chapter 2** 接客・応対の敬語

GOOD!

どうぞ、中へお入りください。

「入る」の尊敬語は「お入りになる」
手を部屋の中に差し出して案内しよう。

こちらの席に掛けて
お待ちいただけますか。

「お席」「お掛け」「お待ちに〜」と「お」が重なり過ぎ
敬語が重なるときは、最後の丁寧語や尊敬語だけ残して他は省略。尊敬語を使いすぎた、しつこい表現は控えよう。

よろしければ、こちらにどうぞ。

「よろしければ」と付けることで、柔らかい表現になる
来客が特に大きな荷物を持っている場合は、具体的な置き場所を指しながら伝えよう。

よろしければ、上着をお掛けいたしますが／お預かりいたしますが。

「掛ける」の謙譲語は「お掛けいたします」
BADの言い方だと、強制しているように聞こえてしまう。疑問形で尋ねてみよう。

11 応対 上司に取り次ぐ他（会社にて）

BAD!

接客・応対

例題41 上司に来客のことを告げるとき

部長、台場商事の軽部さん
来ましたよ。

例題42 上司に来客の場所を告げるとき

3階で待ってます。

例題43 来客から手土産をいただいたとき

せっかくなのでいただきます。
どうもすみません。

例題44 上司に、来客からいただいた手土産の報告をする

夏目さんから、これもらいました。

48　**Chapter 2** 接客・応対の敬語

GOOD!

部長、台場商事の軽部様がお見えになりました／お越しになりました／いらっしゃいました。

「お見えになりました」などのような尊敬語を使う
BADの言い方だと、あまりにもラフな言い方になってしまう。来客に対しての尊敬語を使って、速やかに上司に伝えよう。

308会議室にお通しいたしました／
308会議室でお待ちでいらっしゃいます。

「お待ちでいらっしゃいます」のような尊敬語を使う
正確な場所もきちんと伝える。

ご丁寧に／お気遣いいただきまして、どうもありがとうございます。
では、頂戴いたします。

「せっかくなので」「すみません」はやめよう
感謝の気持ちを伝える前に、「ご丁寧に」や「お気遣いいただきまして」など前置きをつけることで、思いやりが伝わる。

夏目様から、
こちらをいただきました。

「こちら」「いただきました」と言い換えて丁寧に
一番大切なのは手土産をいただいたことを報告すること。多少間違った表現をしていても、まずは上司に伝えること。

49

12 応対 締めの挨拶（会社にて）

BAD!

接客・応対

例題45 基本

わざわざ来ていただいて
ありがとうございました。

例題46 打ち合わせの成果を感謝したいとき

これで少しは形になりそうですね。

例題47 相手の力量に感謝したいとき

西山さんもやればできますね。

例題48 次回の打ち合わせの確認とともに

それじゃ、次も
よろしくお願いします。

50　**Chapter 2** 接客・応対の敬語

GOOD!

本日はお越しいただきまして大変ありがとうございました。

「来る」は尊敬語にならない
「お越しいただき」に言い換えてお礼を伝えよう。「本日は〜いただきまして」はよく使うフレーズだから覚えておこう。

おかげさまで、かなり具体的に形が見えてきました。誠にありがとうございます。

「相手の力があって」ということを第一に伝えるのが大切
BADの言い方では謙虚な姿勢を見ることができない。相手もムッとしてしまうかも。感謝の気持ちも忘れずに。

本日は、誠にありがとうございます。西山様のおかげで安心して進めることができました。

「上から目線」な言葉は避ける
これから一緒に仕事をしていく中で「上から目線」な言葉は避ける。相手をたてて謙虚に感謝の気持ちを伝えよう。

次回7月20日も、どうぞよろしくお願いいたします。ありがとうございます。

お礼の言葉を添えながら確認する
予定が決まっていれば、最後に確認を。お礼の言葉を添えながら確認してみよう。

13 応対 お見送り（会社にて）

BAD!

接客・応対

例題49　お見送り先まで来客の荷物を持つと伝えるとき

荷物持ちますよ。

例題50　雨が降って来たとき

雨ですね、傘はいりますか？

例題51　玄関まで見送るとき

それでは、この辺で。

例題52　エレベーターホールまで見送るとき

それでは、ありがとうございました。

52　**Chapter 2** 接客・応対の敬語

GOOD!

お荷物お持ちいたしましょうか？

「荷物」には「お」を付けて
BADでは「持ってあげる」という上から目線のニュアンスが感じられてしまう。語尾は疑問形で尋ねてみるのが良い。

よろしければ、こちらの傘をお持ちください。

雨が降っているのに「傘はいりますか」は不親切
「よろしければ」という前置きを付けて。「置き傘ですので、お返しいただかなくて大丈夫ですから」などと細かな心遣いを。

それでは、失礼いたします。どうぞ、お気をつけて。

「失礼いたします」が基本の挨拶
加えて、「お気をつけて」など気遣いの言葉を添えるとなお良い。

それでは、こちらで失礼いたします。ありがとうございました。

お礼の言葉も忘れずに
「見送りはここまで」ということを柔らかく伝えるためには、「こちらで失礼いたします」が良い。

Column 2

若者ことばはイエローカード！
1日1語1ヶ月でゴールドカードを目指そう！

　最近、スマートフォン、LINE やツイッター、Facebook などの影響で10代だけでなく、20代、30代も、ついつい若者ことばを使ってしまいますね。では、どのようにクリアすれば良いのでしょうか。

知っトク1　感情むき出しの言葉は社会人とは認められない！

「キモい」「ヤバイ」「めっちゃ」「マジで」「すげー」「激おこ」
「ビビる」「うっせー」「むかつく」「うざい」などは使わない。

知っトク2　話の意味がぼやけて何が言いたいのか伝わらない！

本来のつかい方を無視した言葉づかいをしないようにしましょう。
「〜みたいな」「ぜんぜん〜」「とか」「超〜」「私的には……」
「〜ていうか」など。「全然大丈夫」という日本語もアウト。

知っトク3　省略した言葉は品位を落とす！

「なにげに」→「何気なく」「とりま」→「とりあえずまあ」
「やっぱ」→「やはり」、「きもい」→「気持ちが悪い」
「こくる」→「告白する」「ゴチになる」→「ごちそうになる」
「りょ」→「了解しました」など
（「了解しました」は目下に使う）

知っトク4　無意味な言葉の多用は教養のなさを感じさせる！

「あのー」「えー」「えっとー」「まあ」をつけてから話し出さない。
会話のつなぎとして「〜ですね」「なんか〜」などを何度もつかわない。また、語尾を上げるのは、残念な会話になってしまう。「なるほど」の繰り返しは不快指数をアップさせる。

＜唐沢式・アナログ習得法＞

　本書をもとに、単語カード、暗記カードを作り、1日1語マスターすれば、1ヶ月で30語も吸収できます。継続はチカラなりで、通学・通勤時間に TRY ＆チャレンジしてみましょう。

Chapter 3

若者ことば・カタカナことば

省略ことばや流行語の使用は
就職面接や目上の人から評価ダウン！

- □若者ことば・省略ことば
- □就職（転職）活動の面接試験
- □カタカナを正しい日本語に
- □マイナスからプラスことばに

1 若者ことば・省略ことば①

BAD!

例題1 OB訪問で①

渋谷駅前、チョー人多くて、
めっちゃ、ビビりました。

例題2 OB訪問で②

このシフォンケーキ、
めっちゃヤバイくね?

例題3 OB訪問で③

軽部さ〜ん、ゴチになりました。

例題4 OB訪問で④

私的には、数学とか苦手な方だし。

若者・カタカナ

56 **Chapter 3** 若者ことば・カタカナことば

GOOD!

渋谷駅前には、大変人が多くて、本当に驚きました。

「チョー」→「大変」。「超」は本来名詞に付けるもの
「めっちゃ」は芸人、テレビの影響で頻繁に使用されているが大人は注意。

こちらのシフォンケーキ、大変美味しくいただいています。

「ヤバイ」は若者の間と違い、社会人では一発レッドカード
表現力、人間力に乏しいと思われないように、一旦深呼吸して「ヤバイ」を正しい日本語に脳内変換して話そう。

軽部様、ごちそうになりました。

「ごちそうさまでした。ありがとうございました」と御礼を
日常生活から言葉磨きと自己点検を。お礼のメールでは「軽部様　本日はご馳走さまでした」と漢字表記で。

私は、数学は苦手です。

婉曲表現「〜的」「〜とか」の乱用は、面接で炎上危険ワード
就職活動の面接時、「数学は苦手ですが、英語は得意です」などプラスのPRを。「ボク」「オレ」「アタシ」→「わたくし」と名乗ろう。

2 若者ことば・省略ことば②

BAD!

若者・カタカナ

例題5 OB訪問で⑤

とりま。おととい、就活で
内定ゲットしました。

例題6 OB訪問で⑥

パイセンのアイデア、ハンパないっ
すね?パクっていいっすか?

例題7 会社訪問で人事スタッフに対して①

あの人、マジイケメンですね。

例題8 会社訪問で人事スタッフに対して②

ここの社食のトマトカレー、
神ってる!

---

58 **Chapter 3** 若者ことば・カタカナことば

GOOD!

はい。とりあえず、一昨日就職活動で内定獲得しました。

「とりま」＝とりあえず、まあの省略語は目上に使わない
「就活」→就職活動、「内定ゲット」→内定を獲得する。

水戸先輩の発想、秀逸ですね。真似してもよろしいでしょうか？

「半端じゃない」つまり「ものすごい、すごく」という意味
「パクる」＝真似する。真似するより「参考にしましょう」の方が賢明な大人。

あちらの男性、大変かっこいいですね。

「イケメン」＝容姿がすぐれている男性
「いけてる（＝かっこいい）」の略に「面」あるいは「メン（men）」をつけたもの。

こちらの社員食堂のトマトカレー、最高峰の味ですね。

「神ってる」はここでは「史上最高の」「最高峰の」などの意
「神ってる」は2016年の流行語大賞の言葉だが、ビジネスモードではない。

3 若者ことば・省略ことば③

BAD!

例題9 先輩社員に対して①

あのオヤジ、マジキモイよね?

例題10 先輩社員に対して②

やっぱ、そりゃ、激おこだわ。

例題11 先輩社員に対して③

ていうか、やっぱ、うざいっす。

例題12 先輩社員に対して④

あの店長、超パニクちゃって……。

若者・カタカナ

60 **Chapter 3** 若者ことば・カタカナことば

GOOD!

あちらの男性は、非常に気持ちが悪い印象がしますね。

「マジ」→「非常に」、「キモい」→「気持ちが悪い」と直す
オヤジなど下品な言い方はメールでも会話でも避けよう。特に就職試験の面接は、長時間やグループもあり、若者ことばに注意。

やはり、そういうことでしたら、大変ご立腹されると思います。

「激おこ」ではアルバイト、社会人では通用しない
新語、略語、造語は注意。アルバイト面接、就職面接本番や人事からの電話など、ボロが出てしまわないように。

と申しますが、やはり鬱陶しいと思います。

「ていうか」は会話を遮る言葉で相手の不快指数が上がる
「うざい」と言われた方が、そのように思われてしまい、自分も損しないように注意。

あちらの店長、大変慌てているご様子でした。

「パニックになる」を省略せずに正しい日本語に置き換える
BADは嘲笑の意味が含まれるが、GOODは心配の様子が読み取れる。語尾も「です」「ます」「でした」「でございます」など。

61

4 若者ことば・省略ことば④

BAD!

例題13 先輩社員に対して⑤

ソッコー、ドタキャンっすか？
Re：りょ

若者・カタカナ

例題14 先輩社員に対して⑥

帰り際に、なにげにコクらないで。
マジウケるんだけど……。

例題15 大学のゼミの教授に対して①

後期のテスト範囲の広さ、
めっちゃえぐいよね。

例題16 大学のゼミの教授に対して②

先生、今度の課題レポートは、
ググったり、コピペはダメですか？

62 **Chapter 3** 若者ことば・カタカナことば

GOOD!

急用で、行けなくなりましたか？
Re：了解しました／承知しました。

「ドタキャン」=「土壇場キャンセル」。「りょ」=了解しました
「りょ」は近年学生のメールで多く使用されているがアウト言葉。
また、目下には「了解」だが、本来目上には「承知」が正しい敬語。

帰宅途中に、さりげなく、
告白しないでください。
笑ってしまいます（照れてしまいます）。

「なにげに・こくる・マジ・ウケる」一行でイエローカード4連発
同様に、「半端じゃない」→「半端ない」→「半端ねぇ（ハンパねぇ）」
→「パネェ」などの若者ことばも要注意。

後期の試験範囲は広くて、
勉強が大変きついですね。

「えぐい」は若者ことば。「きつい」「厳しい」と正しく使おう
会話の相手が誰であれ、誰がどこで聞いているか分からない
ので、大人のフレーズを使おう。

夏目先生、今度の課題レポートは、
Googleで検索したり、コピー・アンド・
ペーストは不可でしょうか？

コピペ=複製・複写して転写・貼付すること
「ググる」は「Googleで検索する」の意味だがYahoo!検索で
も使う。どちらも省略して使わない。

63

5 若者ことば・省略ことば⑤

BAD!

例題17 大学のゼミの教授に対して③

ウチらと違って緑学生は、
リア充が多いかも?

例題18 大学のゼミの教授に対して④

え、ガチ? 秒で書かなきゃ、
ヤバイっす。

例題19 大学のゼミの教授に対して⑤

さっきの宮根の態度、
マジ、ゲスいすね。

例題20 先輩に対して

先輩、卒論にイラっとしました?
先生をディスるとヤバイっすよ。

64　**Chapter 3** 若者ことば・カタカナことば

GOOD!

私たちと違って緑山学院大学生は、充実している人が多いと思います。

「リアル（現実の生活）が充実している」の略で若者ことば
実社会における人間関係や趣味活動を楽しんでいることや人。
年上に対して、大学名も省略しない。

それは本当ですか？ すぐに急いで書かないと間に合いませんね。

「秒で」＝「目の前にある課題を瞬時に終わらせる」意味
「秒速で」という言葉から、さらに略して「秒で」に変化した。
若者ことばの早さ、流行も秒速？

水戸先生、先ほどの宮根君の態度は、本当にひどかったですね。

「ゲスい」＝卑しいことや人、身分が低い人を指す俗語
下衆・下種・下司と表記する。

加藤先輩、卒業論文の締切であまり焦らないでください。古舘先生を軽蔑するのはあまり良くないと思います。

カタカナことばを省略したり、造語を発しないように
ディスリスペクトは、名詞で「無礼、軽蔑、軽視」や動詞で「無礼なことを言う、蔑む、軽んじる」だが、社会人では不適切用語。

6 就職 (転職) 活動の面接試験①

BAD!

例題 21　会社の受付で

あの～、江藤ですが、

例題 22　面接待合室で自分の名前を呼ばれる

（無言で立ち、移動）

例題 23　面接会場で名前を伝える

ぼくは、江藤と言います。
よろしくです。

例題 24　自己紹介する

どちらかといえば、
書くことが好きっていうか～

若者・カタカナ

66　**Chapter 3**　若者ことば・カタカナことば

GOOD!

おはようございます。
わたくし、赤坂大学マスコミ学部4年の江藤紳一郎と申します。

本社ビル1階からすでに面接試験は始まっている
受付スタッフ、エレベーター、廊下ですれ違う人に挨拶しているか？ が内定につながる。

はい、江藤です。
よろしくお願いします。

緊張は分かるが、無言・無視はマイナス。元気良く返事を
待合室も面接官の目が光っている。カバンからスマートフォンや鏡、お菓子などいろいろ出さないように。

わたくし、赤坂大学マスコミ学部放送学科4年の江藤紳一郎と申します。

「本日はどうぞよろしくお願いします」と続けてお辞儀する
大学名、学部、名前は3点セットで、明朗闊達に伝えよう。

わたくしは、几帳面で筆マメです。
なぜなら中学時代から9年間毎日日記を継続しており～

インパクト&コンパクトで具体的な数字もあれば好印象
前置きは要らない。単刀直入で伝える。曖昧な語尾もイメージダウン。

7 就職（転職）活動の面接試験②

BAD!

例題 25　学生時代に力を入れたことは？

私は、ファミレスの接客で
コミュニケーション力を得ました。

例題 26　長所・セールスポイントは？

だれとでも仲良くなれ、
メル友も多いです。

例題 27　短所・弱点は？

口下手でネクラなとこです。

例題 28　自分のキャッチコピーは？

周りから時々「前向き人間」だと
言われますね。

68　**Chapter 3** 若者ことば・カタカナことば

GOOD!

私は、赤坂駅前のファミリーレストランの接客を週3回18ヶ月継続しました。

「1年半」→「18ヶ月」が心に響く。数字の魔力
コミュニケーション力があるかどうかは、面接官が話し方で判断すること。

東北ボランティア活動で9歳から74歳まで計33名の老若男女との幅広いご縁ができ、現在でも文通を継続中です。

オリジナルのエピソードで面接官のハートを射止める
聞き手が現場の情景をイメージできるように伝えること。量より質トークで勝負する。

入学時はあがり症でしたが、克服のため、3年夏の学内スピーチ大会に出場し、準優勝しました。

面接はありのまま・カミングアウト大会ではない
マイナスをプラスに変えた共感エピソードが大切。結果よりプロセスを語ろう。

私は「学内一の究極のプラス思考」です。なぜなら、ボート部では厳しい猛練習に耐え、最後のメンバーに残ったからです。

結論→理由の順番で論理的に話す
抽象的な言葉は響かない。自分に自信を持ち、語尾は「です・ます」と丁寧語で話す。

8 就職 (転職) 活動の面接試験③

BAD!

例題 29 趣味は?

趣味は、野球観戦で
広島カープの大ファンです。

例題 30 尊敬する人は?

お父さんをリスペクトしています。

例題 31 健康状況は?

良好です。大学時代は8日しか休ん
でいないことが自慢です。

例題 32 最後に質問か一言ありますか?

いえ、ないです。

GOOD!

私の趣味は、野球観戦で特に高校野球に興味があり、青春18きっぷで甲子園球場に行き、スコアブックを4冊書きました。

CHEAPな内容より、DEEPな体験エピソードを話す
プロ野球ファンは面接官とライバル球団になる可能性もありリスク。

私の父です。父は新潟で呉服屋を経営しており、プロフェッショナルについて昔から教わり～

父、母、祖父、祖母……正しい敬語を使う
理由も伝える。家族以外の歴史上の人物やアスリート、作家も可。

極めて良好です。高校、大学時代と6年間皆勤賞です。発熱を情熱に変えるほど心身ともにタフです。

面接アピールは、自慢ではなく、自信のある体験を
ときには、ユーモアも入れながら緩急自在にトークしよう。

質問は特にございませんが、最後に私の漢字一字をアピールします。私の好きな漢字は『芯』です。理由は～だからです。

ラストチャンスもベストアピールをしよう
最後は「本日は私のために面接のお時間を賜り、誠にありがとうございました」と御礼を。

9 カタカナを正しい日本語に①

BAD!

例題33 プレゼンテーションで①

この案件はマストだね。

例題34 プレゼンテーションで②

まずは、イシューを整理しよう。

例題35 プレゼンテーションで③

安住君、企画書、
ブラッシュアップしてね。

例題36 プレゼンテーションで④

部内のコンセンサスは得てるの?

若者・カタカナ

GOOD!

○ この案件は、最重要項目です。

英語の must は「必ず〜しなければならない」を意味する
絶対はずせない案件、最重要項目で「マストでお願いします」と使う。似たようなフレーズに「そのほうがベターだね」など。

○ まずは、問題点、論点を整理しましょう。

英語の issue は、論点、問題点のこと
あまりカタカナ語を乱用すると、うさん臭いまさに「異臭(イシュー)」のイメージを与えかねないので TPO をわきまえて。

○ 安住さん、企画書を磨き上げてください。

brush up。よく耳にするカタカナ語だが、年輩にはやや注意
研鑽を積む、深化させる、向上させる、改善する、発展する、錬磨するなどの日本語が適切。社員を「君」づけしない。

○ 営業部内の合意(同意)は得ていますか?

コンセンサスとは「複数の人による合意」のこと
複数、大多数の人が関与するところが特徴で、単に「同意」を表すアグリーメントとは異なるが、「同意」と言った方がシンプル。

10 カタカナを正しい日本語に②

BAD!

例題37 社内会議で①

富川君のように、
もうちょいロジカルに話してよ。

例題38 社内会議で②

もっと、フレキシブルに
対応できないのか！

例題39 社内会議で③

来年の六本木商事の
プライオリティをはっきりとさせよ。

例題40 社内会議で④

来月からはこのスキームで
実行します。

74 **Chapter 3** 若者ことば・カタカナことば

GOOD!

富川さんのように、きちんと論理的に発表しましょう。

ロジカルは論理的、論理の整っているさま、という意味
最近、論理的思考「ロジカルシンキング」が大学でも仕事でも求められる。

もう少し、柔軟に対応していきましょう。

フレキシブル「flexible」は、柔軟性がある。融通がきく
ちなみに【flexible time】=「フレックスタイム」はここからきている。

次年度の弊社の優先順位を明確にさせましょう。

プライオリティ「priority」は優先順位。自社は「弊社」
街で見かける「priority seat／seating」(優先座席の表示マーク)は、コンピュータや処理の優先順位を示すときにも使う。

来月からはこちらの計画体制で実行してまいります。

スキームとは「枠組みを伴った計画」や「計画を伴う枠組み」
企業の事業計画は、事業の枠組みを表す計画であることから、事業スキームとも呼ばれるが、少し分かりにくいカタカナ語。

11 カタカナを正しい日本語に③

若者・カタカナ

例題41 ミーティング・打ち合わせで①

BAD!

営業戦略のイニシアティブを
取らないと。

例題42 ミーティング・打ち合わせで②

おたくの会社も、ソリューション
展開をしていこう。

例題43 ミーティング・打ち合わせで③

富川君、いつもメモ魔ですね。
ポテンシャル、めっちゃ高いっすね。

例題44 ミーティング・打ち合わせで④

小川ちゃん、いつものことながら、
レスポンス早いね。

76　**Chapter 3**　若者ことば・カタカナことば

GOOD!

営業戦略の主導権を取ってまいりましょう。

イニシアティブは、主導権、先導力、自発力、独創力、率先
政治の用語で、直接民主制の一形態で、国民発案、直接発案という意味も。

御社もぜひ、問題解決型の展開をしていきましょう。

ソリューションとは、解答、解決策、解決などの意味を持つ
顧客の問題解決、要求を満たす製品やサービスを指す。話し言葉＝「御社」、書き言葉＝「貴社」の違いも覚えよう。

富川さん、いつも筆マメですね。潜在能力も高くて大変期待しています。

ポテンシャル「potential」は潜在能力、可能性としての力
「ほめ上手の先輩」と言われるようなクレバーな言葉選びをしよう。後輩や部下でも「君」→「さん」と敬称をつける。「めっちゃ」→「大変」。

小川さん、いつも応対（返事）が早く、素晴らしいです。

レスポンス「response」は、言葉や行動による応答、返答
リアクションともいうが、できるだけ日本語を。女性社員に「〜ちゃん」は厳禁。先輩、上司として適切なコミュニケーションを。

12 カタカナを正しい日本語に④

BAD!

若者・カタカナ

例題45 朝礼・反省会で①

ユーザーの声を
フィードバックしよう。

例題46 朝礼・反省会で②

富川君、すぐにコールバックしてよ。

例題47 朝礼・反省会で③

有働班のプレゼンはオリジナリティ
が足りなかったね。残念！

例題48 朝礼・反省会で④

このレジュメをゼロベースで
メンテナンスしよう。

78 **Chapter 3** 若者ことば・カタカナことば

GOOD!

消費者の声を分析、反映していきましょう。

フィードバック「feedback」は、反映、反省、戻す意味
出力(結果)を入力(原因)に戻す。結果を報告するだけでなく、行動の反省点や計画立案を含んだ情報を伝えること。

富川さん、六本木支店長に折り返しお電話してください。

コールバック=折り返しの電話のとき、よく使用する
一部ベンチャー企業などでは「CB」と使う若手社員もいるが正しい日本語で。電話先も伝える。

有働課長のチームのプレゼンテーションは個性(独創性)を盛り込みましょう。

オリジナルとは、模倣によらず単独で編み出した着想のこと
アイデア・創意・創造性・独自性・新機軸・独特のもの・特有のもの・固有のもの・独自のものを指す。

こちらの会議資料を最初から軌道修正しましょう。

レジュメ、メンテナンスいずれも良く使う
レジュメとは、「要約・概論・概略・要説」で、メンテナンスとは、「きちんと使える状態で維持するような行為・整備・営繕・管理」など。

13 カタカナを正しい日本語に⑤

例題49 定例会・全体ミーティングで①

BAD!

サービス業界では、ホスピタリティがマストです。

例題50 定例会・全体ミーティングで②

軽部さんの営業アイデアは、一旦ペンディングにしましょうか。

例題51 定例会・全体ミーティングで③

モチベアップして、ハードスケジュールを乗り切ろう！

例題52 定例会・全体ミーティングで④

来月の営業ミッションは、マイナーチェンジしよう。

若者・カタカナ

80　**Chapter 3**　若者ことば・カタカナことば

GOOD!

サービス業界では、おもてなしが必要不可欠です。

ホスピタルは、おもてなし、心のこもった、手厚いもてなし
語源は、ラテン語のHospics（客人等の保護）で英語のHospital（病院）、Hospice（ホスピス）と色々な言葉に発展。

軽部課長の営業提案は、今回は保留（先送り）にしておきましょう。

ペンディング「pending」は、保留、未解決、先送り
キープ「keep」すると言う場合もある。中止、NG、×とは言わず、オブラートに包み、お茶を濁す場合に使われる。

意欲とやる気を向上して、繁忙期を乗り越えましょう。

モチベ＝モチベーションの略語
モチベーションとは、物事を行うにあたっての、意欲・やる気、動因・刺激。

来月の営業到達目標を少し手直ししましょう。

ミッションとは、果たすべき役割、使命、目標、任務
映画「ミッション・インポシブル」は、直訳すると、遂行不可能任務。マイナーチェンジ＝少しの手直し、修正のこと。

14 マイナスからプラスことばに①

若者・カタカナ

例題53 先輩と飲み会で社員の噂話をする①

BAD

宮根さんは神経質だし、
仕事が遅いね。

例題54 先輩と飲み会で社員の噂話をする②

安住さんは自己主張もないし、
行動力に欠けるなあ。

例題55 先輩と飲み会で社員の噂話をする③

友だちがいないし、
無趣味だし……。

例題56 先輩と飲み会で社員の噂話をする④

有働のやつ、強引で
仕切りたがりだよね?

82　**Chapter 3**　若者ことば・カタカナことば

GOOD!

宮根さんは几帳面で、仕事が慎重ですね。

相手や周りが不快に感じる言葉を発しない
「神経質」(ナーバス)→「几帳面」(デリケート) など、短所は長所に、欠点もセールスポイントになる。

安住さんは協調性があって、じっくり考えるタイプですね。

ストレート・ダイレクトに言うのではなく、前向きワードに
「主張しない」→「傾聴力がある」、「行動しない」→「熟考タイプ」

群れないし、仕事熱心ですね。

寂しいロンリーワンではなく、芯があるオンリーワンに
友達がたくさんの人もいれば、大親友1人という場合もある。

有働さん、リーダーシップがあって、親分肌(姉御肌)ですね。

社食や飲み会などで固有名詞を言うのは避けよう
リーダーには強引さ、積極さも大切であり、指導者向きともいえ、何事も表裏一体。

15 マイナスからプラスことばに②

BAD!

若者・カタカナ

例題 57　先輩に新人の評価をされて

今度の新人、なんだか要領悪いし、
無謀だよな。

例題 58　先輩に飲み会で後輩の評価をする

キャリア不足で、
なかなか芽が出ないね。

例題 59　先輩から帰りの電車で上司の悪口を聞かされて

ありふれてるし、
なんだか古くさいね。

例題 60　先輩から喫煙ルームで支店長の話を聞かされて

神谷町支店の大江さん、
なんだか部下に甘いんだよなあ。

GOOD!

彼はマイペースで挑戦者ですね。

十人十色、人それぞれの特徴がある。表面だけ見ない
「他人のフリみてわが身を直せ」という言葉通り、露骨な表現
は社内、社外で控える。

発展途上で、大器晩成タイプですね。

「経験不足→未開拓→発展途上→未来のエース」となる
成功や幸せは、人によって早いか、遅いかの違いもあるので一
概には言えない。

定番で伝統を感じます。

幕の内弁当はどこにでもあるが、どこでも定番の人気商品
「新しい→良い、古い→悪い」という価値観の方程式はどこに
も存在しない。マイナスワードをプラスワードに変換しよう。

神谷町支店の大江支店長は、部下を信頼していますね。

「甘い→任せている→信頼関係→円滑な人間関係」と好循環
多角的、多方面で人や物事を捉える習慣を身につけよう。仕事
を通じて「長所伸展法」の見方をプラスワードで習得しよう。

過剰敬語に注意しよう

　過剰敬語は、文法的にもマイナスで逆効果になります。基本的には、1つの動詞に1つの敬語です。
　仕事を通じて、常に話す、聞く、そして間違えたらメモするなど、敬語のストックを増やしていきましょう。

BAD!	GOOD!
おっしゃられた	おっしゃった
	おっしゃいました
おいでになられました	おいでになりました
	いらっしゃいました
召し上がられますか	召し上がりますか
ご出発になられる方は	出発される方は
	ご出発の方は
お着きになられました	お着きになりました
	到着されました
先生がご指摘されました	先生がご指摘になった
そちらにお掛けになられて	そちらにお掛けになって
お待たせ申し上げました	お待たせいたしました
拝見（拝聴・拝読）させていただきました	拝見（拝聴・拝読）しました

■丁寧語と尊敬語を混ぜて使ってしまった例

BAD!	GOOD!
どちら様でございますか	どちら様でいらっしゃいますか
分かりました方は	お分かりになった方は
何をお探しでございますか	何をお探しでいらっしゃいますか

Chapter 4

営業・交渉
の敬語

言葉の使い方ひとつで
「品格」「人格」が決まる!

- □ はじめの挨拶
- □ 応接室にて
- □ 最後の挨拶

1 はじめの挨拶①

BAD!

例題1 会社名と自分の名前を名乗るとき

あたし、
渋谷商事の有働ですけど……。

例題2 約束相手と時間を告げるとき

今日3時に
江藤さんと約束しています。

例題3 受付の人に、お待ちください、と言われたとき

……はい。

例題4 約束の時間に遅れてしまったら

遅くなってしまいました。
お許しください。

営業・交渉

88 **Chapter 4** 営業・交渉の敬語

GOOD!

わたくし、渋谷商事の有働と申しますが……。

自分のことを「あたし」「僕」「俺」などと呼ばない
自分の名前を伝えるときは「わたくしは〜と申します」が基本。「言います」の謙譲語は「申します」。

本日15時に営業部の江藤様とお約束をいただいておりますが、お取次ぎ願えますでしょうか?

お願いの気持ちを込めない伝え方だと不快な印象に
「お取次ぎ願えますでしょうか」という疑問形に。他社を訪問する場合会社の代表となるので、依頼の言い方も気をつけよう。

はい、恐れ入ります。

返事だけでなく、「恐れ入ります」と恐縮する姿勢も大切
返事だけでは丁寧さに欠ける。たとえ受付近くに椅子がおいてあっても、相手から勧められなければ、立ったまま待とう。

遅れまして大変失礼いたしました。お待たせして申し訳ございません。

「お許しください」は社会人の謝り方として適切ではない
謝るときの基本は「申し訳ございません/失礼いたしました」。

2 はじめの挨拶②

例題 5 約束しないで訪問するとき①

近くへ来たので、ちょっと
お邪魔させていただきました。

例題 6 約束しないで訪問するとき②
（相手が不在または忙しい時間だった）

そうですか、じゃあ、またにします。

例題 7 約束しないで訪問するとき③
（不在の相手に伝言をお願いする）

宮根課長が戻ったら、
よろしく伝えください。

例題 8 約束しないで訪問するとき④
（突然の訪問で面会してもらう）

どうもすみません。
お会いできるかと思ったもので。

GOOD!

近くへ参りましたので、ご挨拶にと思いまして、寄らせていただきました。

「来る」の謙譲語「参る」を使おう
「お邪魔させていただきました」だと、わざわざ来たという印象を与える。「寄らせていただきました」程度の表現のほうが、自然。

それではまた、日を改めさせていただきます。失礼をいたしました。

「じゃあ」「また」は敬意がない表現
出直す場合は「改めさせていただく」を使う。また、約束をせずに訪ねたときは一言謝るのがルール。

宮根課長が戻られましたら、よろしくお伝えいただけませんか?

「〜してください」は命令口調、不快な印象を与える
動詞+「される」「られる」で尊敬語にしよう。依頼するときは「お〜いただけませんか/願えませんか」という表現が基本。

突然に伺いまして大変申し訳ございません。失礼いたしました。

「どうも」は意味のない曖昧な言葉
「どうも」「すみません」をやたら使わないように気をつけよう。「突然に伺いまして」と付けて、突然の訪問に対して謝ろう。

3 応接室にて①

BAD!

例題 9 応接室に通されたとき

・・・・・・。

例題 10 こちらへどうぞ、と席を勧められたとき

それでは、ここに座りますね。

例題 11 お茶を出されたとき

すみません、いただきます。

例題 12 相手が遅れることを伝えられたとき

分かりました。お待ちします。

92 **Chapter 4** 営業・交渉の敬語

GOOD!

ありがとうございます。それでは、お邪魔いたします／失礼いたします。

お礼の言葉と軽い会釈で入室しよう
案内されたとき、何も言わないで入室するのは社会人として失格。「通していただいた」ことに対するお礼の気持ちが肝心。

ありがとうございます。

席を勧められたときは「ありがとうございます」で十分
BADの言い方は強引な印象。着席時には「失礼いたします」を言うことができれば完璧。複雑に考え過ぎず、シンプルに。

ありがとうございます。頂戴いたします。

BADだと丁寧さに欠ける。「すみません」は控えよう
「飲む」の謙譲語「いただきます」でも良いが、さらに丁寧な表現「頂戴いたします」にすると立派。お礼の言葉も忘れずに。

承知いたしました。待たせていただいてもよろしいでしょうか？

「分かりました」はビジネスシーンでは使わない
「分かりました」の丁寧語は「かしこまりました」「承知いたしました」。さらに、待っていて良いのかも確認しよう。

4 応接室にて②

例題13 相手に急用が入ってしまったとき

次のアポがあるので、
また今度にします。

例題14 次の約束につなげるため伝言を残したいとき

また後で電話しますので、
失礼いたします。

例題15 初対面で、名刺交換をするとき

わたくし、こういう者です
（と言って渡す）。

例題16 名刺交換のあとの言葉をかけるとき

これからよろしく
お付き合いください。

BAD!

営業・交渉

94　**Chapter 4** 営業・交渉の敬語

GOOD!

私も次の予定がございますので、また日を改めさせていただいてよろしいでしょうか？

相手以上に大切なアポイントがあると感じさせない
多忙な相手の場合、来客が重なるケースもある。次の予定があることをさりげなく伝え、日を改めることを伝える。

後程、夕方17時頃お電話いたします。お伝えいただけますか？

詳しい時間を伝えないと相手も不便
「後で」は丁寧さに欠ける。「後で」は「後程」に変換しよう。連絡する時間を伝えてから、電話する配慮が大切。

はじめまして、神谷町商事の大江と申します。

「はじめまして」の挨拶も無く、名前も名乗らないのは×
下の者から先に名刺を出し、名前を名乗って渡すのがルール。相手が複数の場合は、立場の高い人へ先に渡す。

どうぞよろしくお願い申し上げます。

目上に「よろしくお付き合いください」は言わない
この言い方は自己紹介や商談などの後に使う基本的な挨拶。社会人として、当たり前のように言えるように。

5 応接室にて③

BAD!

例題 17 名刺を忘れたとき

すみませんが、
今日名刺を忘れてしまいました。

営業・交渉

例題 18 相手の名刺を受け取ったとき

はい、頂戴されます。

例題 19 相手の名前が読めないとき

失礼かもしれませんが、
名前の読み方は何でしょうか?

例題 20 名刺に読みがなをふりたいとき

何て読むのかお名刺に
書いてもいいですか?

GOOD!

申し訳ございません。本日名刺を切らしてしまいまして。

名刺を忘れたことをそのまま伝えるのは失礼
「切らしてしまった」と言って切り抜けよう。会社に戻ったら、お礼状を添えて郵送するか、メールで伝える配慮を忘れないで。

夏目様ですね、頂戴いたします。

「頂戴されます」は自分に尊敬語を使っていることに
両手で受け取り、相手の名前を確認する。名刺はすぐにしまわず、名刺入れの上に置く。

恐れ入りますが、お名前は何とお読みするのでしょうか?

「失礼かも」とは言わない
「名前の読み方は」とも聞かないこと。「読む」の丁寧語は「お読みする」。「失礼ですが」などのクッション言葉を添えて。

失礼して、読みがなをお名刺に書かせて頂いてよろしいでしょうか?

「〜いいですか」は社会人として避けよう
難読な名前の読み方を教わったときには、相手に一言断って、その場で名刺に振りがなをふっても良い。

6 応接室にて④

BAD!

営業・交渉

例題21 入社したばかりですか？ と質問されたとき

> えっと、先月入社して、まだ研修が終わったばかりなので……。

例題22 お住まいはどちらですか？ と質問されたとき

> お住まいは神奈川の方です。

例題23 手土産を持ってきたとき

> つまらないものですが……。

例題24 手土産を渡すとき

> よければ、食べられてください。

98 **Chapter 4** 営業・交渉の敬語

GOOD!

はい、先月入社したばかりです。失礼もあるかと思いますが、よろしくご指導願います。

信頼関係を築くにあたって自信の無い態度はマイナスに

未熟であることを言い訳にせず、素直に学ぶ態度を示すことが大切。謙虚でありながらも、自信を持ってハキハキ伝えよう。

私は横浜に住んでおります。

「お」や「ご」の付いた質問をそのまま返さない

「お年」「ご家族」など、相手は自分に対して丁寧語で質問をするが、自分のことを答える際は、そのまま丁寧語にしない。

甘いものがお好きだと伺いましたので。

「つまらないものですが」は、今では失礼になる言い方

今では「つまらないものを渡すのは失礼」という考え方に変わっている。相手の気分を害する可能性もあるので気をつけよう。

よろしければ、召し上がっていただけますか？

「食べられてください」は尊敬語にならない

「食べる」の尊敬語は「召し上がる」。ちなみに謙譲語は「いただく」。よく使う言葉なので覚えておこう。

7 応接室にて⑤

BAD!

例題25 身内を他社の人間に紹介するとき

こちら、弊社営業部の
古舘部長でいらっしゃいます。

営業・交渉

例題26 他社の人間を紹介するとき

汐留社の枡部長です。

例題27 挨拶後、軽い雑談でアイスブレークする①

・・・・・・。

例題28 挨拶後、軽い雑談でアイスブレークする②

・・・・・・。

100　**Chapter 4** 営業・交渉の敬語

GOOD!

羽鳥様（取引先の方の名前）、ご紹介いたします。弊社営業部部長の古舘です。

身内を他社の人に紹介する場合は、敬称は付けない
身内に「～でいらっしゃいます」のような尊敬語は×。**別**「ご紹介いたします。こちらが私どもの課長の宮下でございます。」

今回の案件をご担当くださっている、汐留社の枡部長でいらっしゃいます。

他社の人間を紹介するとき「～です」だと尊敬表現に欠ける
語尾は「～でいらっしゃいます」にして、他社の方には尊敬語を。**別**「こちらが、～社の藤田部長でいらっしゃいます。」

眺めのいいオフィスですね。うらやましいです。

まずは、話題を広げる。当たり障りのない話題をふろう
「アイスブレーク」とは、本題に入る前、場を和ませるもの。先方の会社にお邪魔したときは、会社を誉めるのも良い雑談。

ホームページを拝見しましたが、新商品が出るそうですね。反響はいかがですか？

ホームページで会社情報を調べたり、事前準備を万全に
互いの共通点を見つけると盛り上がるもの。事前に相手の会社の情報をチェックしておこう。

8 応接室にて⑥

BAD!

例題29 相手に自社の新商品を紹介するとき①

（話の流れを読まずに急に）
こちらが、当社お勧めの新商品です。

例題30 相手に自社の新商品を紹介するとき②
（クローズドクエスチョン）

この商品知ってますか？

例題31 カタログを相手に渡すとき

カタログの方置いていきますので、
見てください。

例題32 いつでも問い合わせに応じることを伝えるとき

聞きたいことがありましたら、
いつでも連絡してください。

営業・交渉

102　**Chapter 4** 営業・交渉の敬語

GOOD!

（話の流れを読みながら）
○ ところで、当社で扱っている
お勧めの新商品なのですが……。

自然な流れになるように、落ち着いて会話をうまく誘導
いきなり本題に入ってしまったり、今までの雑談で作ってきた空気を台無しにするような切り替え方はやめよう。

○ こちらの商品は、ご覧になったことはございますか？

クローズドクエスチョンをするときは、尊敬表現を使う
クローズドクエスチョンとは、「はい」と「いいえ」の二択の答え方に限定した質問方法。相手は即答しやすい。

○ こちらがカタログですので、よろしければご覧ください。

「見る」の尊敬語は「ご覧になる」
「見てください」だと強制しているように聞こえてしまう。強制ではないので「よろしければ」と添えて柔らかく。

○ ご質問などございましたら、いつでもお問い合わせください。

「ある」の丁寧語は「ございます」
このような状況では「聞きたいこと」「連絡」は使わない。「連絡」ではなく「問い合わせ」なので、「お」を付けて丁寧に。

9 応接室にて⑦

BAD!

例題33 提案を断られたとき①

どうしてですか？
値段が高いからですか？

例題34 提案を断られたとき②

どこが不満ですか？

例題35 話が弾み、時間が予定より長くなってしまったとき

かなり予定時間を過ぎていますが、
まだかまいませんか？

例題36 相手からこちらの都合を聞かれたら

はい、大丈夫なのですが、ちょっと会
社に電話させてください。

営業・交渉

104　**Chapter 4**　営業・交渉の敬語

GOOD!

こちらのお値段では、少々値が張りすぎるということでしょうか?

疑問点を解消するためには、相手の意見をきちんと聞く
相手に迫るような言い方は、相手を不快にさせる。一つ一つ丁寧な言葉遣いで聞くことで、印象がガラリと変わる。

どのような点がご不満なのか、ご参考までにお聞かせいただけないでしょうか?

「ご参考までに」が不快感をセーブする言葉
提案を断られた理由が推測できないときは、ビジネス会話でよく使われるこの言い回しを活用してみて。

少々お時間が予定を過ぎているようですが、まだよろしいでしょうか?

「少々~ようですが」と言い方をソフトに
「かなり」はきつい印象を与えてしまう。「まだよろしいでしょうか?」と相手を気遣うように尋ねよう。

はい、恐縮ですが、一本だけ電話をかけてもよろしいでしょうか?

「ちょっと」はビジネスシーンでは使わない
席を離れるときは「恐縮ですが」で切り出し、帰社時間が遅れることを電話で伝えよう。

10 応接室にて⑧

BAD!

例題37 お手洗いに行きたいとき

ついでにトイレを借りたいのですが、
どこですか？

営業・交渉

例題38 席を外して戻るとき

どうも、すみませんでした。

例題39 相手から長引いたことへのお詫びを言われたとき

いえ、こちらこそ、予定時間を
オーバーしてしまいまして……。

例題40 ではそろそろ、と言われたとき

今日は、わざわざ、
どうもありがとうございました。

106 **Chapter 4** 営業・交渉の敬語

GOOD!

お手洗いをお借りしたいのですが、どちらでしょうか?

「トイレ」は「お手洗い」「洗面所」と言い換えよう
「ついでに」「トイレ」「どこ」という表現は控えよう。「お(ご)」+動詞+「したいのですが」は、希望を伝えるのに使う。

お待たせいたしまして、大変失礼しました。

待たせた場合は、社会人として適切な言い回しをしよう
「失礼いたしました」としたいところだが、「お待たせいたしまして」と「いたす」が重なるため避けよう。

いえ、こちらこそ、すっかり長居をしてしまいまして……。

「長居をしてしまい」という表現に換えて言ってみよう
「予定時間をオーバー」という事務的な表現は使わない。

本日は、お時間をいただきまして、どうもありがとうございました。

「今日」とは言わない。「わざわざ、どうも」も失礼な表現
「本日」と言い換えて。「お時間をいただきまして〜」と謙虚な表現を大切に。

11 最後の挨拶

BAD!

営業・交渉

例題41　次回の約束をしたいとき

では、次の商談は、
いつ頃だったらいいでしょうか？

例題42　来週中に連絡します、と言われたとき

分かりました。至急連絡ください。

例題43　席を立って挨拶するとき

では、またお会いしましょう。

例題44　相手が見送ろうとしてくれたとき

こちらでかまいませんので、
どうぞお引き取りください。

108　**Chapter 4**　営業・交渉の敬語

GOOD!

それでは、次回、いつ頃でしたらよろしいでしょうか?

営業をしている立場から「商談」という言葉は使わない
「だったら」は「でしたら」、「いい」は「よろしい」に言い換えて。

承知いたしました。ご連絡をお待ちしております。

連絡を催促してはいけない
「連絡」には「ご」を付けて、「お待ちしております」と伝えよう。待つ態度が大切。

それでは、失礼いたします。

立ち去るときは「失礼いたします」を使う
「また会いましょう」は同等の立場でなければ使うことはできない。「近いうちにお目にかかりたいと思っております」は○。

どうぞ、お構いなく／お気遣いなさらずに、こちらで失礼させていただきます。

相手の配慮に対して、失礼にならないように遠慮する
「お引き取りください」では、相手に対して断りや拒否の意を表すことになる。

Column 4

相手に対して謙譲語を使ってしまう誤用例

なんとなく分かってはいるけれど、実は間違いの言い方。尊敬語と謙譲語がミックスにならないように、注意しましょう。

BAD!	GOOD!
粗品をいただいてください	粗品をお持ち（になって）ください
	粗品をお受け取りください
拝見なさった後で	ご覧になった後で
あちらで伺ってください	あちらでお聞きになってください
あちらで伺って頂けますか	あちらでお尋ねになって頂けますか
伺っていらっしゃいますか	お聞きになっていらっしゃいますか
	お聞きおよびでしょうか
持ってまいりましたか	お持ちになっていらっしゃいますか
	持っていらっしゃいますか
こちらでお待ちしてください	こちらでお待ちになってください
	こちらでお待ちください
ご参加してください	ご参加ください
ご注意してください	ご注意ください
部長の申されたことは	部長のおっしゃいましたことは
どちらに参られますか	どちらへいらっしゃいますか
	どちらへお出かけになりますか
参られる節にはお電話ください	お越しの節にはお電話頂けますか
いつごろご到着いたしますか	いつごろご到着でしょうか
	いつごろご到着なさいますか
	いつごろお着きでしょうか
お忘れ物いたしませんように	お忘れ物なさいませんように
どちらにご恵贈なさいますか	どちらにお送りいたしますか

■その他の例

BAD!	GOOD!
とんでもございません	とんでもないことでございます
（上司をねぎらうときに）ご苦労様でした	お疲れ様でした
分かられたと存じますが	お分かりになったと存じますが
ご安心してお任せください	安心してお任せください

Chapter 5

電話・ケータイ
の敬語

デジタルツールだからこそ
人柄や人間性が伝わりやすい！

□電話をかける
□電話を受ける
□携帯電話をかける
□携帯電話を受ける

1 電話をかける①

BAD!

例題1 朝に電話をかけるとき

朝からすみません。

例題2 お昼に電話をかけるとき

昼休み中、大丈夫ですか?

例題3 終業間際に電話をかけるとき

こんな時間にすみません。

例題4 取り次いでもらう①:相手の名前が分かっているとき

江藤さんいますか?

電話・ケータイ

112 **Chapter 5** 電話・ケータイの敬語

GOOD!

朝早くから恐れ入ります。

忙しい時間帯は申し訳ない気持ちを伝えてから本題に
朝礼や業務報告など、始業準備で忙しい朝の時間に電話をかけるときは、申し訳ない気持ちを伝えてから本題に入ろう。

お昼時(ひるどき)に申し訳ございません。

なるべく昼時に電話をかけるのは避けた方が良い
昼時は休憩時間である場合が多いので、申し訳ない気持ちを伝えた方が良いため「こんにちは」は×。

遅い時間に申し訳ございません。

終業間際の電話はなるべく避ける
終業間際に電話をかけるのもなるべく避けるべきだが、どうしても必要なときは、朝昼同様、丁寧に謝りの言葉を伝えよう。

赤坂工務店の安住と申しますが、営業部の江藤様はいらっしゃいますか?

自分の名前と、相手の所属と名前をはっきりと丁寧に
上位者に対しては「様」を使っても、担当者同士の間柄であれば「さん」の方が親近感が湧いて better。

2 電話をかける②

BAD!

例題5 取り次いでもらう②：
先方から電話をもらったため折り返すとき

> 江藤さんいますか？
> さっき電話もらったみたいで……。

例題6 取り次いでもらう③：
誰が担当者か分からない用件でかけるとき

> ～について聞きたいんですけど、
> 誰に聞けばいいですか？

例題7 少々お待ちください、と言われたとき

> OK！ 分かりました。

例題8 会議中で席を外している、と言われたとき

> いつなら大丈夫ですか？

114 **Chapter 5** 電話・ケータイの敬語

GOOD!

赤坂工務店の安住と申します。営業部の江藤様はいらっしゃいますか？さきほどお電話を頂戴いたしましたので。

「もらう」を「頂戴する、頂戴いたす」に変換すると◎
スマート&シンプルに用件を伝えることがポイント。

〜について伺いたいのですが、ご担当の方にお取次ぎお願いできますでしょうか。

「お取次ぎ」という言い方を使い、丁寧に対応しよう
「お取次ぎ」という丁寧な言い方に変えて、用件はポイントをまとめて分かりやすく。

かしこまりました。恐れ入ります。

「承知しました」でも可
「恐れ入ります」も添えて、申し訳ない気持ちを伝えよう。「分かりました」だけだと失礼な印象に。「OK」は論外。

何時ごろお手隙になりますか？

「お手隙」という言葉を使うと失礼にならない
「お手隙」という言葉を使えば忙しい相手にも失礼にならない。「何時頃席にお戻りになりますか？」でも◎。

3 電話をかける③

BAD!

例題9 出張中です、と言われたら

いつ戻りますか？

例題10 2時に戻ります、と言われたら

2時に電話かけます。

例題11 折り返し電話をもらいたいとき

戻ったら電話をもらえますか？

例題12 こちらからかけ直すことを伝えるとき

じゃあまた電話します。

116 **Chapter 5** 電話・ケータイの敬語

GOOD!

次の出社のご予定は いつになりますでしょうか?

無理に催促しているように聞こえてしまう
取り次いでくれている相手にも丁寧な表現を心がけて。
上から目線→下から目線のフレーズを選ぼう。

それでは14時に 改めてお電話差し上げます。

「かけます」「します」はラフな印象になってしまう
「差し上げる」と言い換えるだけでスマートな印象になる。
プライベート→ビジネスモードに変える。

お戻りになりましたら お電話をいただきたいのですが、 よろしいでしょうか?

折り返しの電話には、恐縮した気持ちを伝えると◎
「恐れ入りますが」「恐縮ですが」などのクッション言葉も添えてみよう。

それでは後ほどこちらから お電話いたします。

そのとき対応してくれた人にも丁寧に
シンプルに分かりやすく伝えることは大切だが、BADの言い方だと丁寧さに欠ける。

4 電話をかける④

BAD!

例題 13 伝言①：伝言をお願いするとき

悪いんですけど
伝えてもらっていいですかね？

例題 14 伝言②：伝言の内容

この間お伝えした通り……。
いつもの……。

例題 15 伝言③：伝言をどうぞ、と相手から申し出てくれた

あ、どうも。　それでは……。

例題 16 伝言④：伝言の内容を復唱してもらいたい

以上です。　大丈夫ですか？

電話・ケータイ

118　**Chapter 5** 電話・ケータイの敬語

GOOD!

恐れ入りますが、ご伝言をお願いいたします。

依頼は、「恐れ入りますが」を添えると◎
相手にお願いをするときは、「恐れ入りますが」を添えるとよい。謙虚さが必要。

6月21日水曜日、午前10時、場所は新宿本社ビル9階です。

数字はゆっくり、丁寧に伝える
アバウトな言い方は×。相手に分かりやすく伝えることがマスト。箇条書きのように伝えられる範囲にとどめて。

ありがとうございます。それではお願いいたします。……以上です。

まず最初にお礼を言うこと
いったん伝言を受けてもらったことに対してのお礼を言うことが必要。

恐れ入りますが、念のためご確認お願いできますか?

「きちんと聞いてましたか」と疑うようなニュアンスは×
「恐れ入りますが」を加えて、謙虚に伝えよう。
「念のため」の一言で不快感は消える。

5 電話をかける⑤

BAD!

例題 17 2回以上電話をかけたとき

またかけてすみません。

例題 18 間違い電話をかけてしまったとき

違いますか？　間違えました。

例題 19 電話を切るとき①

では、そういうことで。

例題 20 電話を切るとき②

失礼します。(ガチャ)

120　**Chapter 5** 電話・ケータイの敬語

GOOD!

たびたび恐れ入ります。

顔が見えないときこそ、言葉遣いには気をつけよう
何度もかけてしまったことへの申し訳ない気持ちを伝えるスマートな言い方。「すみません」→「恐れ入ります」で品が出る。

失礼いたしました。

相手が違ったとしても、BADの言い方は失礼になってしまう
間違えても焦らず、丁寧に電話を切ろう。常に冷静でいることが大切。

それでは、よろしくお願いいたします。失礼いたします。

相手に時間を取ってもらったのだから、丁寧に
「失礼いたします」と言葉を添えて、最後の印象が悪くならないように。信頼関係を築くためにも、最後まで気を抜かない。

失礼いたします……。(ガチャ)

電話マナーは、まず先方が切ってから
自分からいきなり切るのは失礼。注意しよう。

6 電話を受ける①

例題21 電話を受けて名乗る①：3コール内に受け取る

> はい、もしもし……。

例題22 電話を受けて名乗る②：4コール以上待たせたとき

> はい、もしもし……。
> 六本木商事ですが。

例題23 電話を受けて名乗る③：自分の名前も名乗るとき

> はい、富川です。

例題24 相手の名前を聞いたら

> どうも、いつもお世話様です。

GOOD!

はい。六本木商事でございます。

ビジネス電話では「もしもし」は使わない
電話を受けたときもちゃんと名乗ろう。明るく感じ良く。
また、会社名をきちんと名乗るのがマナー。

大変お待たせいたしました。
六本木商事でございます。

お客様を待たせたことへのお詫びの気持ちを伝える
原則、電話は3コール以内に受け取る。それ以上は待たせてしまったと思って対応も変えよう。

はい、こちら、六本木商事、
営業部の富川と申します。

名前、会社名、部署名まで伝える
名前のみならず、会社名、部署名も伝え、名前のあとは「〜と申します」が◎。

小川様ですね。
いつもお世話になっております。

「どうも」は×。「いつもお世話になっております」が◎
相手の名前を確認したあと、「いつもお世話になっております」と伝えよう。

7 電話を受ける②

BAD!

例題 25　取り次ぐ①：名乗らない相手に

おたく様は誰でしょうか？

例題 26　取り次ぐ②：会社名だけ名乗る相手に

失礼ですが、名前頂戴できますか？

例題 27　取り次ぐ③：名前だけ名乗る相手に

どちらの武田さん？

例題 28　取り次ぐ④：繋ぐ前に

ちょっと待ってください。

124　**Chapter 5**　電話・ケータイの敬語

GOOD!

恐れ入ります。どちらでいらっしゃいますか？

「おたく様」は敬語になっていない
名乗らないのはマナー違反ではあるが、それでもこちらがへりくだって聞くと会話がスムーズに。

渋谷商事様……。いつもお世話になっております。お名前をお願いできますか？

お名前は「お願いできますか？」が◎
お名前を「頂戴する」「頂く」は間違いなので注意しよう。

恐れ入ります。どちらの武田様でいらっしゃいますか？

「恐れ入ります」を付けるとスマートコミュニケーションに
シーン・取り次ぐ①と同様、「恐れ入ります」を付けると◎。だが、使いすぎはくどくなってしまうから気をつけよう。

少々お待ちいただけますでしょうか？

相手は急ぎの用事かもしれないので、これだと失礼に
「少し」を「少々」に変えてスマートに。「お待ちいただけますでしょうか」は繋ぐ際のマナー。

8 電話を受ける③

BAD!

例題 29　取り次ぐ⑤：待たせてしまったら

どうもすみません。

例題 30　名指し人が不在①：離席中だが、すぐに戻る

すぐに戻ると思いますが……。

例題 31　名指し人が不在②：出張中

大阪に行っていまして、
今日はいないのですが……。

例題 32　相手にメモを取ってもらうとき

いま、メモは大丈夫ですか?

126　**Chapter 5**　電話・ケータイの敬語

GOOD!

大変お待たせいたしました。

待たせてしまったときに「どうも」や「すみません」は×
待たせてしまった場合は特に失礼にならないように言葉遣いに気をつけよう。

申し訳ございません。ただいま少々席を外しておりまして、すぐに戻る予定ですが、いかがいたしましょうか?

「戻り次第、お電話いたしましょうか」でも可
「~と思いますが」という、私的感情で伝えない。

有働は出張しておりまして、明日(みょうにち)には出社いたします。

プライベート→ビジネス敬語に変えて伝える
出張の場合は「出張しておりまして」が◎。また、いつ出社するかを伝えることが大切。出張先まで伝える必要はない。

お客様、メモのご用意はよろしいでしょうか?

「メモは大丈夫ですか?」は、少しきつい印象になってしまう
「ご用意はよろしいでしょうか」にすると柔らかい印象になる。

9 電話を受ける④

BAD!

例題 33　伝言①：急用かどうか確認したい

急いでます？

例題 34　伝言②：伝言が必要かどうか確認したい

よかったら用件聞きましょうか。

例題 35　伝言③：伝言を聞き終わって

分かりました……。

例題 36　伝言④：さいごに

私、富川が聞きました。

128　**Chapter 5**　電話・ケータイの敬語

GOOD!

お急ぎでしょうか？

「お」をつけることによって丁寧さが増す
はじめに急用かどうか確認することはマスト。語尾も「〜でしょうか」でソフトな印象を与える。

もし私（わたくし）でよろしければ、ご用件を承りますが。

「よかったら」に敬意は感じられない
相手の心に入りすぎないためにも、「もし私でよろしければ」をマスターしよう。

それでは、復唱（ふくしょう）させていただきます。

復唱をしないと、相手は、本当に分かったのか心配
分かったつもりでも復唱しよう。「時間、数字、固有名詞」は念入りに。くり返し確認でミスは防止できる。

私（わたくし）、富川が承りました。たしかに有働に申し伝えます。

「お聞きする」は尊敬表現であるため×
「承りました」を使う。自分が伝言を聞き、預かった場合は、「承る」が◎。

10 携帯電話をかける①

BAD!

例題 37　連絡先を交換した相手に留守番電話を残す

もしもし……。 あの……。

例題 38　連絡先を交換していない相手に留守番電話を残す

汐留社の水戸と申します。

例題 39　用件を留守番電話に残す

またかけ直します。

例題 40　折り返しの電話がほしいと留守番電話に残す

かけ直してもらえますか?

130　**Chapter 5** 電話・ケータイの敬語

GOOD!

私、汐留社営業部の水戸と申します。
携帯電話からで失礼いたします。

どんな相手でも挨拶や名前を言わないのは失礼

通常大切な電話は固定電話からするのが原則なため、「携帯電話からで失礼いたします」など添えるとベター。

私、汐留社営業部の水戸と申します。
桝様のお電話でよろしいでしょうか？

電話番号が正しいか確認する

連絡先を交換していない相手の場合は、名乗るだけでなく、相手の電話番号が正しいか確認するのも必要。

先日の企画書について、ご相談したい
ことがあってお電話いたしました。

留守番電話は「インパクト＋コンパクト」に残す

短い時間でも用件が分かるように、簡潔に伝えよう。「後日また改めてお電話します、それでは失礼します」でも可。

大変恐縮ですが、ご連絡が取れましたら、
台場商事の加藤までお電話を頂けます
でしょうか？

「大変恐縮ですが」などのクッション言葉を使おう

相手に迷惑をかけることは心苦しいが、こちらも止むを得ない事情があるということをスマートに伝えることができる。

11 携帯電話をかける②

BAD!

例題41 機種変更に伴った番号変更を留守番電話に残す

スマホの機種変えたんで……。

例題42 時間切れにより留守番電話の録音が途切れてしまった

さっき、なんだか途中で切れちゃいましたね。

例題43 遅刻 (基本のホウレンソウ)

今からタクシーで向かいますが、少し遅れます……。

例題44 遅刻 (電車遅延)

なんか電車が事故って、だいぶ遅れちゃいそうです。

電話・ケータイ

132 **Chapter 5** 電話・ケータイの敬語

GOOD!

**スマートフォンの機種変更をしましたので、ご連絡差し上げました。
私の新しい番号は 090-……です。**

用件を簡潔に伝える
スマホではなくスマートフォンと正しく。

**申し訳ございません。
メッセージの途中で切れてしまいましたので、再度お伝えいたします。**

電波の切れ目、時間切れが縁の切れ目にならないように
また、電池切れにも注意すること。

**遅れて大変申し訳ございません。
これからタクシーで参りますので、
15 分ほど遅れそうです。**

「少し、けっこう、だいぶ」など曖昧な表現は控えよう
はっきりとした時間が読めなかったとしても、今分かる範囲内で早めに時間を伝える。お詫びの言葉は必須。

申し訳ございません。事故で JR 線が止まっていまして、お約束の時間に間に合いそうにありません。

早急に連絡し、理由を簡潔に述べて謝りの伝言を残す
「事故って」という略し言葉は×。最後に「15 分ほど遅れます」などと、遅れる時間を加えるとさらに好印象。

12 携帯電話をかける③

例題45 遅刻（前の仕事が長引いた）

本社で大きな会議があって
延びたんで、遅れそうです。

例題46 体調不良で面会日時を延期してほしい

朝から風邪（熱）っぽいです。

例題47 面会場所を変更してほしい

場所を変えてくれると助かります。

例題48 面会場所が分からないので駅からの行き方を教えてほしい

池袋駅からサンシャインへの
行き方が分かりません。
教えてください。

電話・ケータイ

Chapter 5 電話・ケータイの敬語

GOOD!

> 申し訳ございません。10分ほど遅れます。急いで伺います。

誠意を見せる
「急いで伺います」と誠意を見せよう。ホウレンソウ＝報告・連絡・相談が肝要。場合によっては携帯メールでも可。

> 体調が悪く、本日の面会を延期していただけないでしょうか？

仕事ができないイメージの言葉を発しない
若者ことば、学生モードの言葉ではなく、きちんと真摯に対応しよう。

> 大変恐縮でございますが、本日面会の場所を変更していただけないでしょうか？

自分の都合で変更してもらう場合は、より丁寧で誠実に
どうしても緊急の場合は「下から目線」の敬語で伝えよう。

> お手数ですが、池袋駅からサンシャイン60への道をお尋ねしたいのですが、よろしいでしょうか？

相手の時間を割いてしまうから、謙虚さを大切に
「お手数ですが」などのクッション言葉を入れつつ、道が分からないことを簡潔に伝える。強引な言い方は避けよう。

13 携帯電話を受ける

BAD.

例題 49 相手からの留守番電話を聞いて折り返す①

さっきお電話してもらったらしいのですが……。

例題 50 相手からの留守番電話を聞いて折り返す②

出かけていましてすみませんでした。

例題 51 保険の勧誘電話がかかってきたとき

（個人情報を話す）

例題 52 営業セールスの勧誘電話がかかってきたとき

なんの商品ですか？

GOOD!

先ほどお電話をいただいたとのことですが……。

知ットク！「さっき」→「先ほど」、「もらった」→「いただいた」
「いただいた」という謙譲語に変えて伝えてみよう。電話したのに応対がまずいと取引に影響しかねない。

外出しておりまして、申し訳ございませんでした。

知ットク！「出かけていて」はプライベート言葉のOFFモード
「外出しておりまして」に変えよう。必ず申し訳ない気持ちを伝える。特に相手が緊急の電話だった場合は、謝罪の言葉が必要。

いま、仕事中で手が離せませんので失礼します。

知ットク！個人情報を聞かれてむやみに伝えるのは×
話せる状況であったとしても、「仕事中」などと言って電話を切ろう。いたずら電話、詐欺電話も同様。

間に合っておりますので、結構です。

知ットク！冷静に対応することが◎
商品に興味があるような対応をしてしまうと、高額な商品を購入する危険性もある。親や上司に相談するなどセルフケアしよう。

Column 5

社会人として覚えておきたい丁寧な言い回し

　社会人デビューに必要な「言葉づかい」と「ビジネスマナー」。ひとりの社会人として、また企業の一員として、上司や先輩、取引先に失礼のない言葉づかいをマスターすることは、必要不可欠となります。毎日会話の中に少しずつ敬語を取り入れ、徐々に慣れていけば必ず話すことができるようになります。基本的な単語や挨拶などの丁寧な言い方を覚えましょう。

■よくつかわれる単語の丁寧な言い方

ぼく、おれ あたし	わたくし
私たち	わたしども
誰	どなた
どこ	どちら
こっち	こちら
さっき	先ほど
あとで	のちほど
少し	少々
今日（きょう）	本日
昨日（きのう）	さくじつ
明日（あした）	みょうにち
この前	先日
会社（自分の）	弊社（へいしゃ） 私ども
会社（取引先の）	御社（おんしゃ） 貴社（きしゃ）

■社会人としての挨拶

★外出するとき
行って参ります

★帰社したとき
ただ今戻りました

★退社するとき
お先に失礼いたします

★上司が外出するとき
行ってらっしゃい

★上司が帰社したとき
お疲れさまでした

★入退室するとき
失礼いたします

★お礼をするとき
ありがとうございました

★謝るとき
申し訳ございません

★依頼するとき
恐れ入りますが～を
お願いできませんでしょうか

★依頼されたとき
はい、承知いたしました

Chapter 6

メール・手紙
の敬語

メールや手紙は話し言葉とは違う！
簡単ルールを覚えれば、あなたの評価もUP！

□メールの対応
□手紙の対応

1 メールの対応①

BAD!

例題1 宛名①

（株）六本木商事様

例題2 宛名②

富川真一社長殿

例題3 宛名③

担当各位様 m(_ _)m

例題4 件名

小川です。時間について。

140　**Chapter 6** メール・手紙の敬語

GOOD!

株式会社六本木商事御中

(株)→省略しない。会社名は「御中」
手紙でも(株)(有)など略さない。

代表取締役社長　富川真一様

「社長殿」という表現は不適切
社会常識を知らないと思われ、またメールは後に残るため要注意。

ご担当各位

各位には「皆様」の意味があるため、「ご担当各位」で十分
各位とは大勢の人を対象にして、その一人一人を敬って言う言葉。絵文字は即退場。

富川様
7月7日面会時間の件【小川より】

そのメールの用件が分かるような件名で
差出人に名前は表記されているため、名乗らなくてもOK。相手の名前と用件を20字以内でコンパクトに。

2 メールの対応②

BAD!

例題5 冒頭①

貴社ますますご清祥のことと
お喜び申し上げます。

例題6 冒頭②

私は西山といいます。

例題7 冒頭③

上司の軽部さんが
いろいろお世話になっております。

例題8 冒頭④:通常、電話すべきことをメールで伝えたいとき

(何も書かない)

142 **Chapter 6** メール・手紙の敬語

GOOD!

いつもお世話になっております。

メールでは頭語、時候の挨拶は不要
相手がいつメールを読むか分からないので、「おはようございます」「夜分失礼します」など用いない。

私は台場商事営業部の
西山麻美と申します。
先日はありがとうございました。

会社名、所属も明記するのが社会人メールの基本マナー
プライベートメールではないので、個人名しかも苗字だけしか書かないのは×。

弊社の軽部がいつも
大変お世話になっております。

自分の上司に「さん」づけせずに、呼びすてにする
敬語マスターのコツはウチとソトの関係性を知ることから。

突然のメールにて
恐縮でございます。

メールで伝えるときは一言添える
通常電話で伝えるべきことをメールで伝えるときは、このように一言あるとワンクッションになり、親切。

143

3 メールの対応③

BAD!

■例題9 メールを確認したとき

加藤さんのメールを
拝見させていただきました。

■例題10 相手にお願いするとき

忙しい中、悪いんですけど、

■例題11 内容の確認をお願いしたいとき①

以下、確認してください。

■例題12 内容の確認をお願いしたいとき②

この前のメールは
拝見していただけましたでしょうか?

144 **Chapter 6** メール・手紙の敬語

GOOD!

加藤様のメールを拝見いたしました。

「拝見させていただく」は二重敬語になるため×
「拝見」のほか「拝聴」「拝読」も同様に使う。

ご多忙の中、お手数をおかけし、恐縮ですが、

相手への心遣いが込められた、きちんとした丁寧表現を
「お忙しい中」でも◎。仮に相手が多忙でないことが分かっていても、このように書くことが常識・礼儀。

恐縮ですが、下記について、ぜひご確認いただきますよう、お願いいたします。

お願いごとをするときは、より丁寧な表現を使うように
メールは、口頭に比べて、ストレートな表現が強い口調に感じてしまう。「恐縮ですが～お願いいたします」をセットで習得。

先日のメールはご覧いただけましたでしょうか?

「拝見する」は「見る」の謙譲語なので×
相手が「見る」場合は、「ご覧になる」が◎。先日を「13日の～」「29日の～」など、日付を表記すると相手も分かりやすい。

4 メールの対応④

BAD!

例 題 13 メールの話題①

ゆうべは、とてもおいしいご飯、
ゴチになりました。

例 題 14 メールの話題②

有働さんに大切な時間を
もらってしまい、ありがたいです。

例 題 15 メールの話題③

武田部長様の話、
参考になりました。

例 題 16 メールの話題④

水戸先輩のホームパーティーで、
めっちゃ酔っ払ってしまい、
ごめんなさい。(笑)

146 **Chapter 6** メール・手紙の敬語

GOOD!

昨夜は大変結構なお食事、誠にありがとうございました。

「ご飯」だと幼稚に感じられてしまう言い方に
「ゆうべ」「ゴチになりました」などをオトナ語に変換しよう。

有働様に貴重なお時間を割いていただき、深謝申し上げます。

「感謝」より「深謝・拝謝・万謝」の方が深みと厚みが増す
いずれも、「ありがたいと感じて礼を述べること」の意味。手紙でも効果テキメン。

武田部長のご助言、大変勉強になりました。今後、営業に活かしてまいります。

「参考」は相手に使うと失礼。間違えやすいので注意
役職には、敬称をつけない。相手を評価するような表現は控えて「勉強になった」と言うか、お礼をきちんと述べるように。

水戸様のご自宅の夕食会にて、粗相があり、大変失礼しました。

(笑)マークも粗相です
「会食」「粗相」「失礼しました」に言い換えると、見違えるような印象に。

5 メールの対応⑤

BAD!

例題17 メールの話題⑤

お酒が弱くてすみませんでした。

例題18 メールの話題⑥

ところで、この前の資料の方を
見ておいてください。

例題19 返事がほしいとき

返事をください。

例題20 また会いたいと伝えるとき①

また課長さんに会いたいです。

メール・手紙

148　**Chapter 6** メール・手紙の敬語

GOOD!

不調法(ぶちょうほう)なもので失礼しました。

「お酒が弱くて」を別の言い方に変える
「不調法」とは、「配慮が行きとどかないこと」「しくじり」「酒、たばこや芸事ができないことや謙遜」を意味する言葉。

つきましては先日の資料をご高覧(こうらん)くださいますよう、よろしくお願いします。

「〜の方」は曖昧表現かつマニュアル言葉で注意
「見ておいてください」をより丁寧に。「ご覧ください」「お目通しください」でも可。話し言葉よりも、書き言葉の頻度が高い。

ご返信いただければ幸い(幸甚)です。

「ください」は丁寧な命令形とも言えるが、失礼に聞こえる
「ご返信いただければ幸いです」の言い方の方が柔らかく聞こえ、受け取る相手の気持ちへの気遣いも感じられる。

また枡課長にお目にかかりたく存じます。心待ちにしております。

「会う」敬語表現、「お目にかかる」をマスターしよう
手紙や電話でも使えるテッパンフレーズ。「心待ちにしている」は大和ことばで、品格・品性アップ。役職には「さん」づけしない。

6 メールの対応⑥

BAD!

例題 21　また会いたいと伝えるとき②

また楽しみにしています。

○

例題 22　追伸をつけるときの話題①

P.S.
古舘さんのお兄さんは3個上でした？

○

例題 23　追伸をつけるときの話題②

宮根さんのオススメの音楽、
聞きました。シビレましたよ。

○

例題 24　追伸をつけるときの話題③

また夏目さんとBBQ、
一緒に行きましょうね。

○

メール・手紙

150　**Chapter 6**　メール・手紙の敬語

GOOD!

またの再会を心待ちにしています。

相手の都合を思いやる言葉を使う
「心待ち」とは、相手に来て欲しいという期待を込めつつ、相手の都合も思いやった言葉。相手への心遣いも伝わる。

追伸
ところで、古舘様のお兄様は3歳年上でしたか?

「○個上」の表現は恥ワード
メールで「追伸」をつけるのは気心が知れた相手のみ。一般的には手紙につける。

宮根様からお勧めしていただいた音楽、早速拝聴し、感動しました。

カタカナ語は避け、できるだけ漢字に
「拝見」「拝読」と同様、「拝聴させていただきました」と二重敬語にならないように注意。

またの機会に夏目様とのバーベキュー、切望しております。

「待ち遠しい」「首を長くして待つ」なども似た表現
手紙の場合「一日千秋の思いで楽しみにしています」も粋な表現。メールでもBBQなどの略語は正しく。

151

7 手紙の対応①

例題 25 ビジネス手紙の前文①

BAD!

前略　最近調子はどうですか。

例題 26 ビジネス手紙の前文②

いつもお世話になり、
ありがとうございます。

例題 27 ビジネス手紙の前文③

私もまあまあ元気です。

例題 28 ビジネス手紙の前文④

久しぶりだと思います。

152　**Chapter 6**　メール・手紙の敬語

GOOD!

拝啓　ますますご健勝のこととお慶び申し上げます。

「拝啓−敬具」「謹啓−謹白」、セットで覚えよう
健康を祝うのは「ご健勝」、無事で健康なことを祝うのは「ご清祥」、大いに栄えることは「ご隆盛」。

平素より、格別のご厚情をたまわり、誠にありがとうございます。

「横書きメール→縦書きレター」に変わることがポイント
他にも、「日ごろより、何かとご高配をたまわり、誠にありがとうございます」など。テッパンでおさえておこう。

おかげさまで、私も元気でおります。

「おかげさまで、私どもも健康な毎日を過ごしております」も可
「おかげさま」は漢字で「御蔭様」と書き、他人から受けた助力や親切に対して感謝の意味を込めて言う。

日頃のご無沙汰をご容赦くださいませ。

「許す」の敬語は「ご容赦ください」
他にも、「長らくのご無沙汰を申し訳ございません」など。

153

8 手紙の対応②

BAD!

例題 29 一般的なお礼①

手紙、読みました。

例題 30 一般的なお礼②

今回は、ありがとうございます。

例題 31 贈答の一言①

つまらないものですが
どうか受け取ってください。

例題 32 贈答の一言②

届けてくださって
ありがとうございます。

メール・手紙

154 **Chapter 6** メール・手紙の敬語

GOOD!

お手紙、拝読しました。

和語には「お」、漢語には「ご」がつく
和語とは日本で生まれた言葉（山、川、海）。漢語とは中国から伝わってきて日本語になった言葉（山脈、河川、海洋）。

このたびは、温かなお心づかい、心から感謝申し上げます。

「温かなお心づかい」に気配り、心配りが表れる
他にも、「このたびは、細やかなご配慮をたまわり、誠にありがとうございます」など。

お送り申し上げましたので、何卒ご笑納くださいませ。
　　　　　　　　　　　しょうのう

相手が受け取りやすい言い回しで書く
「ご笑納」とは相手に贈り物をする際に「つまらないものを贈る」という意味でへりくだった表現方法。

ご恵贈たまわり、
　けいぞう
誠にありがとうございます。

「恵贈」とは人から物を贈られることを敬っていう語
寄贈＝寄付として贈り物をする行為。恵贈＝寄贈した相手へ向けた尊敬表現。

9 手紙の対応③

BAD!

■ 例題33 激励・応援する①

頑張ってください。

■ 例題34 激励・応援する②

これからもお幸せに。

■ 例題35 慶弔①（結婚・出産）

翔君とオメデタでハッピーだね！
おめでとうございます。

■ 例題36 慶弔②（お悔やみ）

ご愁傷様でございます。

GOOD!

益々(ますます)のご活躍を
心よりお祈り申し上げております。

「頑張ってください」は気の抜けたサイダー。心に響かない
英語では「Do your best!」だが、日本語では気持ちを込めて敬語で締めくくる。

小川様の今後のご多幸を
お祈り申し上げます。

名前も記入すると嬉しさも倍増
英語では「Forever Happy」だが、「ご多幸をお祈り〜」の美敬語フレーズを使う。

ご結婚(ご出産)、
心よりお祝い申し上げます。

「オメデタ」「デキ婚」などカジュアル語は手紙に不適切
「ご婚約」「ご良縁」などにもこの祝福フレーズが使える。

お悔やみ申し上げ、〜様のご冥福を
お祈りいたします。

「冥福」とは「死後の幸福」の意味を指す
ご冥福をお祈りするのは、あくまでも故人への気持ちであり遺族に対しての気持ちではない。手紙では「ご愁傷様です」はNG。

10 手紙の対応④

BAD!

例題 37 末文①

最後になりますが、

例題 38 末文②

お元気で。

メール・手紙

例題 39 末文③

これからも、
よろしくお願いします。

例題 40 末文④

みなさんによろしく。

158 **Chapter 6** メール・手紙の敬語

GOOD!

末筆ではございますが、

このあとに続けて最後の挨拶を述べよう
「末筆ではございますが、皆様のご多幸を心よりお祈り申し上げます」など。

何卒、ご自愛くださいませ。

他にも「季節の変わり目ですから、ご自愛ください」など
「自愛」とは、自分を大切にすること、または自分の健康状態に気を使うことを指す。「お身体ご自愛ください」は誤用。

今後とも、末永くご愛顧のほどよろしくお願い申し上げます。

ビジネス手紙の場合「ご指導・ご鞭撻のほど」
そのほか「ご教示」「ご指南」「ご尽力」など、ストックを増やそう。

皆様にくれぐれもよろしくお伝えくださいませ。

「くれぐれも」を使うとより誠意が伝わる
「くれぐれも」とは、何度も何度も、真心を込めて願う様子を言う。「くれぐれもお体にお気をつけください」など、使い方は様々。

Column 6

社会人として覚えておきたい丁寧な言い回し

■ 丁寧な語尾の言い回し

～する	➡	します（いたします）
～してもらう	➡	していただきます
～してくる	➡	してきます（して参ります）
～してもよいか	➡	してもよろしいでしょうか
～しましょう	➡	いたしましょう（いたしませんか）
これは～です	➡	こちらは～でございます
どうする	➡	いかがなさいますか（いかがいたしましょう）
ある	➡	あります（ございます）
ない	➡	ありません（ございません）
分かる	➡	かしこまりました

■よくつかわれる謙譲と尊敬の敬語表現

	謙譲語	尊敬語
行く	まいります	いらっしゃいます
	うかがいます	おいでになります
来る	まいります	いらっしゃいます
	うかがいます	お見えになります お越しになります
いる	おります	いらっしゃいます
する	いたします	なさいます
言う	申します	おっしゃいます
見る	拝見いたします	ご覧になります
聞く	うかがいます	お聞きになります
	うけたまわります	
知る	存じあげます	ご存じです
思う	存じあげます	お思いになります
会う	お目にかかります	お会いします
食べる	いただきます	召しあがります
	ちょうだいします	
読む	拝読します	お読みになります
借りる	拝借します	借りていらっしゃいます
もらう	いただきます	もらわれます
	ちょうだいします	お納めになります
くれる	差しあげる	くださいます
買う	買わせていただく	お求めになります
着る	着させていただく	お召しになります

Chapter 7

叱る・謝る
ときの敬語

先輩や上司も教えてくれない！
しこりを残さない、絆が深まる話し方とは？

- □叱る
- □励ます
- □社内で謝る
- □社外で謝る
- □お客様に謝る
- □詫び状

1 叱る

BAD!

例題 1 後輩・部下のミスを叱るとき

遊び感覚で仕事しないでくれよ。
いつまで学生気分なんだよ!

例題 2 後輩・部下の足りないところを指摘するとき

君はいつもこういうところが
足りないんだよ。

例題 3 後輩・部下が売上目標を達成できなかったとき

あなたは本当にダメね。今月の売上目
標を達成できなかったのは、あなただ
けなのは分かってる?

例題 4 後輩・部下の仕事への姿勢を注意するとき

ちょっと休憩時間が長いんじゃない?
やること多くてランチどころじゃないよ。

162 **Chapter 7** 叱る・謝るときの敬語

GOOD!

こんなミスをするなんてあなたらしくないね。

相手に過失があっても、傷つけるような言い方は×
「いつもあなたを高く評価している」というメッセージを込めた「あなたらしくない」という言い方なら、傷つけることはない。

夏目さんはここを直せば最高なのに。もったいない。

「もったいない」は相手への期待も同時に伝えられる
ただ叱るよりも「あなたの力はそんなものじゃないはずだ」という期待感を相手に伝える。「君」ではなく「さん」づけしよう。

加藤さんの今月の売上は、目標に届かなかったみたいだね。ただ、その頑張りは、私もよく分かっているつもりだよ。

人格否定は厳禁。相手は自信を失ってしまう
最後に「一緒に課題を考えてみましょうか」と加えると◎。相手の頑張り・努力を認めてあげる。「あなた」は距離感を与える言葉。

さらに成果を出すためにも、来週からもう少しだけ時間の使い方を工夫してみようか?

いつでも相手の立場、気持ちを考える
本当は忙しく仕事をしている間に少し休憩をしていただけかも。「あなたはいつも頑張っている」ということを前提に伝えよう。

2 励ます

BAD!

例題5 ミスをした後輩・部下を励ます①

大江君どうした、最近元気ないなあ。
オレ、君より10年以上も長いし、
何でも聞いてくれ。

例題6 ミスをした後輩・部下を励ます②

済んだことはしょうがないよ！

例題7 ミスをした後輩・部下を励ます③

あんまり落ち込むなよ。
でも今後は、絶対にミスるなよ。
約束だぞ。

例題8 ミスをした後輩・部下を励ます④

まあ、明日から、
また気を取り直してファイト！

叱る・謝る

164　**Chapter 7** 叱る・謝るときの敬語

GOOD!

大江さん最近遅くまで頑張っているね。何か相談あったら、遠慮なくいつでも聞いてね。社外でもいいからね。

「ほめる⇒励ます⇒寄り添う」が部下サポートの3STEP
「元気ないのは、上司のせい」と思った人も多いかも？ 最後の「社外でもいいからね」は効果アップワード。

済んだことはいたし方ないので、今後のフォローを一緒に考えよう。

「一緒に~する」の表現は、相手に寄り添う姿勢を示す
「しょうがない」は「いたし方ない」に。「私も以前同じようにミスをしたから、気持ちが良く分かる」など胸キュンワードも添えると◎。

誰にでもミスはつきものだし、私も最初はよく失敗したから大丈夫だよ。ベストを尽くしたのだから次に向かおう。

「絶対」「約束」はプレッシャーワードで厳禁
「誰にでも~」という表現で、相手を責めない言い方にしよう。自分の武勇伝より、自分の失敗談は、同じ目線で有効フレーズ。

完璧にできる人なんていないから、気持ちをリセットして、また明日から全力を尽くそう！

「リセットして」は、部下が脳内リセットできる魔法の言葉
ドラマのセリフ丸暗記・棒読みの「心ここにあらず」言葉は、炎上フレーズ。

3 謝る① 社内で

BAD!

例題9 トラブルを起こしてしまったとき

すみません。お詫びします。

例題10 ミスや注意を指摘されたとき

ごめんなさい。私なりには、指示通り、間違えないようにやったのですが……。

例題11 指示されたことができなかったとき

すみませんでした。

例題12 労力をかけ、相手の手をわずらわせてしまったとき

手間をとらせてすみませんでした。

166　**Chapter 7**　叱る・謝るときの敬語

GOOD!

わたくしの不注意から
ご迷惑をおかけしてしまい、
誠に申し訳ありませんでした。

仕事ができるプロは、ピンチをチャンスに変える
「すみません」では「すみません」。自分の不注意からのトラブルであることを認識し、お詫びをしよう。「わたし」⇒「わたくし」。

大変申し訳ございませんでした。
気を引き締め、
以後留意してまいります。

「ごめんなさい」などは、社会人・仕事モードではない
BADの言い方だと指示した方に問題があるように誤解される。弁解に聞こえるので、間違えた理由は自分からすぐに言わない。

誠に申し訳ございません。
結果を出すことができず、
心からお詫び申し上げます。

「すみません」を卒業し、「申し訳ございません」に慣れよう
気持ち+言葉+お辞儀はセットで謝罪。言葉だけでは、伝わらない。非言語コミュニケーション力も習得しよう。

この度は、ご多忙の中、赤江課長に
お手数をおかけいたしました。

「お手数をおかけいたしました」は基本の言い回し
依頼のさいは、クッション言葉「お手数ですが」など添えるのも◎。別「お手を煩わせてしまい、申し訳ありませんでした」。

167

4 謝る② 社外で

BAD!

例題 13 自分の拙さを詫びるとき

謝ります。わたしのせいです。

例題 14 自分の無知を詫びるとき

そのこと、知らなかったんです。
いま、初めて知りました。

例題 15 自分の非礼を詫びるとき

失礼しました。

例題 16 分からないことを聞かれたとき

無理っすね。
ちょっと分かりません。

叱る・謝る

168　**Chapter 7** 叱る・謝るときの敬語

GOOD!

この度は、わたくしの不徳（ふとく）のいたすところでございます。

知ットク！「不徳のいたすところ」とは、お詫びに用いられる表現
「わたしのせい」という棒読み表現は幼稚な印象を与え、相手に伝わらず、炎上ワードになってしまい、逆効果。

若輩者（じゃくはいもの）で申し訳ございません。

知ットク！「若輩者」とは、「自分が未熟である」ことを謙遜する言葉
「知らなかったんです」という言い方は、ごまかし・バリアー防御言葉。反省の色が見えず、同じミスをする人が乱用する言葉。

粗相（そそう）をいたしました。ご容赦くださいませ。

知ットク！「ご容赦ください」も謝罪のテッパンフレーズとして使う
「粗相」とは不注意による過ちのこと。「失礼しました」は表面的なマニュアルフレーズで、あまり「反省の色」を感じさせない。

あいにくわたくしには分かりかねます。

知ットク！「分からない」は、相手に「壁・距離」を与える炎上表現
「あいにく〜分かりかねます」は相手の気持ちに寄り添った表現。一言で状況が伝わる便利な言葉。

5 謝る③ お客様に対して

例題17 取引先から注文と違う商品が届いたという電話のクレームのとき

BAD!

そうでしたか？
そんなはずはないと思いますが。
少々お待ちください。

例題18 注文と違う商品だったのがこちらの間違いだったとき

こちらが間違いのようですので、
あとで発送いたします。

例題19 お客様の意見を聞いたとき

そちら様の申す通りです。

例題20 用意できない商品をリクエストされたとき

残念ながら、A は売り切れてしまい、
今ないんですよ。

170 **Chapter 7** 叱る・謝るときの敬語

GOOD!

こちらのミスで大変失礼いたしました。念のため、もう一度ご注文を確認させていただいてもよろしいでしょうか?

クレーム+否定語=お客様の不快指数 200%
謝罪+確認の順番で、まず交通整理をするのが基本。「~させていただいてもよろしいでしょうか」とへりくだった言い方に。

ご迷惑をおかけしまして、大変申し訳ございませんでした。早急に発送させて頂きます。

×「あとで」=「後回し」、◎「早急に」=「お客様第一」……
「間違いのようです」は、ぼかし表現、正当防衛フレーズなので無礼。「ご迷惑をおかけしまして」という前置きが大切。

お客様のおっしゃる通りでございます。

「お客様ファースト」の敬語表現を使うのがエキスパート
「申す」は謙譲語、「おっしゃる」は尊敬語。「そちら」に「様」をつけても、丁重さはない。名前が分かれば名前を伝えると◎。

あいにくA商品は、ご用意いたしかねます。B商品でしたらすぐにご用意できますがいかがいたしましょうか?

「NOT A BUT B の代案法則」=「お客様ファースト」
「あいにく(生憎)」=都合が悪い、残念、願っていた良い状況でないこと。

171

6 謝る④ 詫び状

例題21　詫び状のメインテーマ

> この前は、どうもすみませんでした。

例題22　原因と対策を示す

> 今後このようなことが
> 起きないよう気をつけます。

例題23　今後のおつき合いのお願い

> 今後ともよろしくお願いします。

例題24　お詫びの品をつけて

> お詫びのお菓子でございます。
> どうぞ召し上がってください。

GOOD!

このたびは、発送ミスの件でお客様にご迷惑をおかけし、誠に申し訳ございませんでした。

詫び状は、失態のピンチを汚名返上・名誉挽回のチャンス
ビジネスでは「どうも」「すみません」などは、服装でいえばカジュアル服、ジーンズ。正装の敬語スーツ着用で正しい言葉遣いを。

早速、当方で原因を調査いたしましたところ〜。以後、再発防止に努めます。

「お客様のクレームはわが社へのラブレター」でもある
クレームは愛情がないと無視や一方通行のドッジボールの会話。電話やメールなどでキャッチボールの声を真摯に受け止めよう。

略儀ではございますが、取り急ぎ書面にてお詫び申し上げます。

詫び状の最後は、「有終の美」でスッキリ飾ろう
「どうか今後とも変わらぬご指導のほどよろしくお願い申し上げます。」と続ける。継続のご縁を、という意味で締めくくろう。

同封の品は京都の和菓子でございます。お詫びのしるしにもなりませんが、どうかお納めくださいませ。

迷惑をかけてお詫びの品を贈るのは、まごころの証
先方の迷惑の度合いにより、TPOを見ながら状況判断を。また、「ご笑納」も年輩向きの言葉で敬語ストックにしよう。

ビジネスコミュニケーションと敬語の基本について

◎敬語の働き

まず、敬語は対話においてどのような働きがあるかを考えてみます。

（1）自分より上位の人や優位の人の優越意識や自尊心を守り、相手との差や距離を認識し、相手の気持ちと調和し、相手の気持ちを「快」にして人間同士のふれあいや絆をつくる。

（2）あらたまった場所で、自分の品位を保ち、けじめのある発言にする。

（3）相手に対する感謝と尊敬、場合によっては陳謝の気持ちを丁寧な言葉で示す。

このような働きがありますが、相手との調和を生み出し、品位とけじめをつくる言葉と考えましょう。

◎敬語はどんなところで使うか

敬語は次のような人、場面で使います。

❶ 年長者に対して　…………………　父親、母親、先輩
❷ 地位・立場の高い人　……………　職場の上司、先輩
❸ 能力・実力・キャリアのある人　…　学者、医師、作家、恩師
❹ 恩恵・利益を与えてくれる人　……　顧客、取引先
❺ 人間関係のできていない人　……　初対面の人、たまに会う人
❻ 公的な場で話すとき　……………　会議の席、講義、スピーチ

Chapter 8

頼む・断る
ときの敬語

上手な頼み方、断り方を覚えれば
人生スイスイ、波に乗っていける！

□仕事を頼む／任せる
□仕事を頼む／お願いする
□断る

1 仕事を頼む　任せる①

BAD!

例題1 仕事を任せるとき

本当に頼みますよ。

例題2 時間があるときにでも、という意味

暇なときに。

例題3 仕事の打ち合わせで時間がほしいとき

今度、会いたいんですが。

例題4 助けてほしいとき

手伝ってくれませんか。

頼む・断る

176　**Chapter 8** 頼む・断るときの敬語

GOOD!

切にお願い申し上げます。

お願い事をするときはへりくだった表現にすることが大切
「切に」とは、「心に強く思うさま」「心から」という意味を指す。

お手隙の折にでも。

「暇」という言葉は相手を「暇人」と言っているようなもの
「お手隙」とは、特に急ぎではない用事を相手にお願いする言葉として用いられる丁寧な表現。

来週、お目にかかりたいのですが。

「お目にかかる」は「会う」という意味の謙譲語
「会う」の尊敬語「お会いになる、お会い下さる、会われる」と混同しないよう気をつけよう。

お力添えいただけないでしょうか？

「お力添え」は「手助け」という意味の謙譲語
目上の方に対するお礼やお願いの場面で使うことができる。

2 仕事を頼む 任せる②

BAD!

例題5 時間がほしいとき

ちょっと待ってください。

例題6 スムーズに遂行してほしいとき

うまくやってください。

例題7 前向きに尽力してほしい場面

そこをなんとか。

例題8 作成した参考資料を渡すとき

熟読してくだされば嬉しいです。

頼む・断る

178　**Chapter 8** 頼む・断るときの敬語

GOOD!

少々ご猶予いただくわけには
まいりませんでしょうか。

いきなり「〜ください」と頼むのは相手に失礼
語尾は疑問形にし、「ご猶予いただく」と言い換えよう。

ご善処いただきたく
お願い申し上げます。

「善処」とは適切な方法でしかるべき処置をすることをいう
相手に頼むときは「ご」とつけて丁寧な表現に。

今回のお見積もりの件、
ご配慮願えないでしょうか。

「そこ」も「なんとか」も曖昧フレーズで伝わらない
「ご配慮願う」というお願い・依頼のテッパンワードを駆使しよう。

お目通しいただければ幸甚です/
ご一読いただければ幸いです。

「お目通し」「ご一読」をマスターしておこう
「〜嬉しいです」を大人敬語の「〜幸甚です」「〜幸いです」に変換しよう。

3 仕事を頼む お願いする

BAD!

例題9 アドバイスがほしいとき

相談に乗ってくれませんか。

例題10 期限に間に合いそうもないとき

こっちの事情も分かってくださいよ。

例題11 相手に話を聞いてほしいとき

あの件の内容を
聞いて欲しいのですが。

例題12 相手から返答がなかなか来ないとき

いつまでに返事をもらえますか?

180 **Chapter 8** 頼む・断るときの敬語

GOOD!

お知恵を拝借したいのですが。

「お知恵を拝借」という表現に言い換えよう
また、「拝借」の「拝」に謙譲の意味が含まれているので、「ご拝借」と言い間違えないようにしよう。

何卒内情をおくみとりいただいて。

致し方ない事情があってお願いしている、と伝える表現
詳しい内情を伝えられないときは「詳しい事情はご説明できないのですが〜」と伝えてみよう。

例の案件、ぜひお聞き届けいただきたくお願いいたします。

「聞く」+「届ける」=「お聞き届ける」で、丁重さが倍増
顧客・相手の立場に立ったコミュニケーションを心がける。

再度ご検討をいただき、来週末までにお返事を頂戴できれば幸甚です。

ケンカ腰のビジネストークは炎上のもと
怒りを抑えながら、「親しき仲にも礼儀あり」で会話しよう。

4 断る

BAD!

例題13 追加の仕事を頼まれたとき

今、忙しいので、できません。

例題14 利益になる話を持ちかけられたとき

いい話だとは思うけど、パスします。

例題15 相手からの納品が遅れているとき

事情は分かりますけど。

例題16 他の希望する会社に行くことを決めたとき

他社に行くので内定辞退します。

頼む・断る

GOOD!

現在取り込んでおりますので、いたしかねます。

「できません」＝堅い拒絶に聞こえて、相手に失礼になる
「いたしかねます」の方が柔らかい響きに聞こえ、相手の気持ちを損ねることもない。

私には身に余りますので、ご遠慮申し上げます。

「パスします」という言葉は相手にパス・無視されて損する
「身に余る」は「もったいないお話」でも可。「それを受ける器に値しない」という謙虚な気持ちを伝えよう。

ご事情はお察しいたしますが。

オブラートに包む表現をするのが、オトナの世界
「お察しします」というような相手への理解を示し、こちらが伝えたいことも理解してもらえる。

身勝手なお願いで大変心苦しいのですが、本日は御社の内定を辞退させていただきたく〜

ストレートではなく、「心苦しさ」「誠意」を伝える
メールだけではなく、電話・手紙・訪問して伝える。

敬語の種類

美化語

　言葉のひびきを美しく飾り、自分の言葉を上品にきれいにする敬語です。

　日本語は、世界の中でも最も美しいひびきのある言葉です。

　これは、長い歴史の中で、どうしたら美しいひびきになるかを、先人が、考え、言い伝えてきたからとも言われます。

①具体的には言葉の頭に「お」「ご」をつけます。

（例）お茶、お酒、お菓子、お手洗、ごはん、ご門、ご神前

　ただし、つけてはいけない言葉もあります。次のものにはつけないでください。

*外来語にはつけません。
　　　おパーマ、おジュース、おコーヒー
　　　※ビール、トイレにつける人がいますが正式にはつけません。
*公共の建物、場所……　**お学校、お公民館、お警察、お会場**
*「お」で始まる言葉 …………………………　**帯、桶、甥、王様**
　※「帯」は「お」をつけたら「御御（おみ）帯」に変わります。
*反社会的な事物・人物 ……………　**やくざ、どろぼう、被告**
*「お」をつけると意味が変わる言葉 …………………… **夜分**

②言葉のひびきを上品にして美しい言葉にします。

（例）飯をくう ………………　**ご飯を食べる**
　　　うまいくだもの ………　**おいしいくだもの**
　　　腹 ……………………　**おなか**

丁寧語

丁寧語とは、聞き手に直接、敬意を表す敬語です。

①語尾を「です」「ます」「ございます」で括ります。
- ●帰ります
- ●父です
- ●鈴木でございます

②よく、使われている丁寧語。
- ●雨が降ってまいりましたね
- ●東京には三越と申しますデパートがあります
- ●そういたしますと、十日かかりますね
- ●このあたりで、よろしいでしょうか
- ●まったく存じません
- ●承知しております
- ●はい、かしこまりました
- ●あちら（こちら）でお待ちください

客や上司や目上の人には、どんな場合でも次にあげるダメな言葉は使わないでください。

（ダメな言葉）		（よい言葉）
そうだ	➡	そうですね
そんなことねえよ	➡	そのようなことはありません
それでさあ	➡	それで
飲む	➡	めしあがる
ビール？	➡	ビールですか

185

敬語の種類

尊敬語

　尊敬語とは相手、または、相手にかかわる物や事、行為や状態に敬意を表す敬語です。

　それでは普通表現を尊敬語にする仕組みを述べてみます。仕組みは単純ですから覚えてください。

①付加体といって、普通表現の前後に言葉をつけて
　敬意を表します。

＊「お」「ご」をつける………お帽子、お洋服、ご意見、ご感想
　　※ご意見をお聞かせください

＊「お」「ご」〜「になる」の形体にする………お聞きになる
　　　　　　　　　　　　　　　　　　　　　　　　ご発言になる
　　※例の件、お聞きになりましたか

＊「お」「ご」〜「くださる」の形体にする………お求めくださる
　　　　　　　　　　　　　　　　　　　　　　　ご来場くださる
　　※ご来場くださいましてありがとうございます

＊「れる」「られる」の形体にする………行かれる、来られる
　　※どちらから来られましたか

②転換体といって、言葉をそっくり変えて尊敬語にします。

（普通）		（尊敬語）
言う	➡	おっしゃる
見る	➡	ごらんになる
する	➡	なさる
食べる	➡	めしあがる
行く	➡	いらっしゃる
来る	➡	いらっしゃる
居る	➡	いらっしゃる

謙譲語

　謙譲語とは自分や自分にかかわる行為や行動を謙遜し、低めることにより、相手を高め敬意を示す敬語です。それでは普通表現を謙譲語にする仕組みを述べます。尊敬語と同様に仕組みは単純です。しっかりと覚えてください。

①付加体といって、普通表現の前後に言葉をつけて謙譲語にします。

＊「お」「ご」〜「します（いたします）」………お話しいたします
　　　　　　　　　　　　　　　　　　　　　　ご説明します
＊「お」「ご」〜「いただく」………………お買いあげいただく
　　　　　　　　　　　　　　　　　　　　ご乗車いただく
　※ご乗車いただきありがとうございます

＊〜「せていただく」………休ませていただきます

②転換体といって、言葉をそっくり変えて謙譲語にします。

（普通）		（謙譲語）
言う	➡	申す
見る	➡	拝見
聞く	➡	拝聴する、伺う、承る
する	➡	いたす
食べる	➡	いただく
行く	➡	参る、伺う
来る	➡	参る、伺う
居る	➡	おる

敬語の種類

◎人称・敬称のきまり

　自分をさす言葉や、相手をさす言葉、第三者をさす言葉を人称といいます。この人称の使い方を間違うと相手を不愉快にしたり、自分も恥をかきます。また、呼ぶときの敬称を間違うと常識知らずと言われたり、「失礼な人間」と、軽蔑されます。正しい人称・敬称の「きまり」を覚えてください。

（1）自分のこと（自称）

①わたくし ……… 正式・公的な立場で話す言葉で、スピーチ・会議・正式訪問時などに使う。

②わたし ………… 自称の標準の形で、個人的に話す言葉。職場での対話、日常会話で用いる。

③ぼく …………… 学生用語。親しい間柄で使う言葉で、職場の先輩・友人・後輩に対して使う。

④おれ …………… ごく親しい間柄の人に使う言葉で、親友・プライベートの会話で用いる。

⑤小生 …………… 手紙文で目下の人へ使う。

⑥自分 …………… 現代は、ほとんど使わない。

⑦てまえ ………… 一部の商人・職人が使う。

（2）相手をさす言葉（二人称）

①さん ………… 二人称敬称としての標準形です。

②様　 ………… 敬称としても最高の言葉です。

③君　 ………… 対等、それ以下の人に使う敬称。

④ちゃん ……… 愛称として使います。

⑤殿　 ………… 手紙文では使う人がいますが、対話では使いません。

⑥あなた ……… 敬称ですが自分と同等、それ以下の人に使います。

（3）第三者をさす言葉（三人称）

①あの方…………… 敬意のある三人称
②あの人…………… 対等の人の三人称
③あの者…………… 蔑視・卑下した三人称
④氏……………… 文書表現でつかう敬称

（4）敬称

「さん」「様」「殿」「君」については P.188 を参照してください。

「先生」 …………… 恩師・指導的立場の人に対する敬称

　　　　　　　　　　※日頃、まわりの人から「先生」と言われている
　　　　　　　　　　　人には「先生」と言ってください。

「社長」「部長」「課長」「顧問」……… 役職の敬称

「大臣」「理事」「審議官」「警部」…… 役職の敬称

「新郎・新婦」………… 婿・嫁の敬称

「関取」 …………… 十両以上の力士の敬称

「師匠」 …………… 学問技芸など教授する人の敬称

「親方」………………… 相撲の年寄り、料理人、職人のトップの敬称

「女将（おかみ）」…… 料亭、旅館の女主人の敬称

「選手」………………… 競技者の敬称

「コーチ」…………… 運動の指導者の敬称

「監督」………………… 現場（スポーツ、映画、演劇、音楽など）の

　　　　　　　　　　　監督者の敬称

「マネージャー」……… 職場における管理者の敬称

「博士」「教授」……… 博士号、教授の地位にある人の敬称

「棟梁」 …………… 大工のかしらの敬称

◆◆あとがき◆◆

コミュニケーションは、
ドッジボールではなく、キャッチボール
敬語を使って相手の「ハートをスマイル」にさせよう

私は、大学や企業で、面接・敬語・話し方の講師を務めて20年以上になります。生徒のみなさんには、敬語をフックにして、「好かれる人」「また会いたくなる人」「仕事ができる人」になることをゴールにアドバイスしています。

15年以上前からパソコンがすでに日常化し、近年は携帯メール、LINE、ツイッターなど、あらゆるSNSが発達、普及しています。「日本人は、世界一コミュニケーションが苦手」とも言われていますが、だからこそ、一方通行のメールやSNSに頼りがちです。
デジタルツールはどうしてもドッジボールになってしまいます。
人と人の会話はアナログであり、キャッチボールが求められます。

敬語は、相手のハートをスマイルにし、晴れマークにしていく潤滑油です。
例えば、本文でも触れたように、接客や営業シーンで
「メニューください」とお客様から言われて
BAD「今、手が離せなくて、無理っす」
と言われたら、どう思われるでしょうか？　また、営業で
BAD「雨降っていたの？到着が遅いね？」
と言われたら、ハートは涙マーク、雨マークになりますね。敬語を使うとまるで魔法使いのように、相手をときめかせ、心を輝かせます。

GOOD「ただいまメニューをお持ちいたします」「すぐに参ります」
GOOD「雨の中、ご足労ありがとうございました」

また、私は、「英語より、敬語」と思っています。
「英語＜敬語」です。

2020年の東京オリンピックも近づき、ますます国際社会、グローバルな時代になっていく現代、英語はもちろん必要不可欠です。
しかし、わたしたちは日本人として正しい日本語を使い、敬語をマスターすることがまず先決だと思っています。
英語勉強法がまず書いたり、話したり、聞いたりして習得していくように、敬語も場数を踏み、面接、社内、接客、営業、電話、メール、手紙などで対応していくことが効果テキメンです。
わたしたち日本人にとって、日本語は母国語です。日本語を愛し、日本ならではの尊敬と感謝を伝える＜敬語＞はまさに恵みの言葉＜恵語＞です。

本書『知っトク！敬語BOOK』は、どこから開いても、どこから読んでも、敬語がマスターできるような構成になっています。プールでスイスイ遊泳するように、みなさんも敬語をスラスラ駆使し、社会人という大海でスイスイ遊泳してジャンプして「仕事の達人」になってほしいと思います。

大学講師／敬語・就職アドバイザー
唐沢 明

唐沢 明（からさわ・あきら）

大学講師、敬語・就職アドバイザー、作家。「ビジネス敬語検定」理事。
口下手であがり症だった学生時代、相手のWANTとNEEDに合わせた＜敬語コミュニケーション術＞で面接試験を突破し、大手マスコミなど26社に内定。
東京書籍、ベネッセコーポレーションを経て、現在、明治学院大学、日本大学藝術学部、横浜美術大学、東北医科薬科大学など全国19大学でカリスマ講師として人気を博している。コミュニケーションアドバイザーとして企業で研修や講演活動も行っている。著書に10万部ベストセラーシリーズ『敬語すらすらBOOK』『敬語これだけBOOK』(成甲書房)『さすが！と言われる話し方 聞き方のビジネスマナー』(高橋書店)など多数。
唐沢明ホームページ　http://akira-dream.com

デザイン・DTP／小山弘子
DTP／株式会社アド・クレール
校正／株式会社文字工房燦光
編集協力／株式会社天才工場
協力スタッフ／渡邉あみ・江藤直樹
編集／内田威

スイスイ読めて、スラスラ話せる
知っトク！　敬語BOOK

2017年3月30日　初版第1刷発行

著　者	唐沢 明
発行者	小穴康二
発　行	株式会社世界文化社
	〒102-8187
	東京都千代田区九段北4-2-29
	電話 03-3262-5118（編集部）
	電話 03-3262-5115（販売部）
印刷・製本	中央精版印刷株式会社

©Akira Karasawa,2017.Printed in Japan
ISBN978-4-418-17411-9

無断転載・転写を禁じます。
定価はカバーに表示してあります。
落丁・乱丁の場合はお取り替え致します。